A telenovela e o futuro da televisão brasileira

A telenovela e o futuro da televisão brasileira

Rosane Svartman

Cobogó

Autores, mitos, emoções

Em tempos primordiais, em torno de fogueiras, alguém contava histórias. Mitos primitivos, contados e recontados, que mudavam de forma e expressavam a forma de ser e pensar daquele povo. Nada mudou. A figura do autor continua fundamental. Homero (e houve tantos homeros!) recitava seus versos narrando histórias que teriam sido perdidas. Na antiga Mesopotâmia, as histórias eram contadas em escrita cuneiforme. Hoje, estão em livros, em filmes, em roteiros de televisão. Mas sempre houve alguém que imaginou essas histórias. Transfigurou a realidade, criando novos mundos. O Autor. Em tempos digitais, a figura do autor continua tão importante como no da escrita cuneiforme. Mudam as plataformas, evolui a tecnologia. Mas sem um autor, não existe história, não existe paixão pelo que é contado, nem se abre um grande espelho em que cada um reflete a própria realidade, alia-se às emoções dos personagens. Transformar a autoria em um produto tecnológico é esquecer a imaginação. E não foi através da imaginação que nós crescemos, descobrimos novos mundos? A autoria continua sendo fundamental, mesmo nas plataformas digitais. A novela abraça seu público, compartilha o viver. Ter sua dose de ficção diária é tão fundamental como o pão que se come. Do autor vem a semente, cresce a planta. A novela encanta, abraça, discute ideias. Não vejo um mundo sem novelas porque hoje em dia integram nossa cultura. Em torno dessa chama, todos nós nos aquecemos, sem a fogueira de antigamente, mas com o calor da imaginação dos autores que contam e recontam os mitos que nos abraçam hoje em dia.

Walcyr Carrasco

Sumário

Introdução — 11

Telenovela: história, transformações e resiliência — 27

O processo de construção de uma telenovela — 59

O público e a telenovela: transformações e resiliência da espectatorialidade — 99

A influência da convergência de telas, novas plataformas digitais e narrativas transmídia no modelo de negócios da telenovela — 135

Telenovela e a nova televisão — 171

Conclusão — 209

Bibliografia — 229

Introdução

As fronteiras entre tecnologias e telas vêm se desintegrando na atualidade. Um filme inicialmente planejado para o dispositivo cinematográfico pode ser visto em um celular; um vídeo feito para um canal do YouTube também pode ser visto em uma televisão conectada. Embora o processo de deslizamento de conteúdo não seja novidade, principalmente quando se trata de cinema e televisão, é a proliferação de telas, mídias e práticas de interação e participação do espectador que resulta na singularidade do momento atual, que, por sua vez, é acompanhado de uma transformação na espectatorialidade. Estamos diante de um público multiplataforma cada vez mais participativo.

Marshall McLuhan (1988), publicado postumamente pelo filho Eric McLuhan, observou que com o tempo uma mídia dominaria completamente a outra. Restaria ao meio ultrapassado não desaparecer, mas se transformar em arte. Consequentemente, o cinema substituiu o teatro e a televisão substituiu o cinema. Esse conceito pode ser ampliado ao ponderar se, na atualidade, a televisão ainda não teria sido substituída como meio dominante pela experiência de conectividade e pelo consumo de conteúdo em plataformas digitais e interativas. Mesmo discordando dessa posição, é impossível ignorar as transformações que as novas mídias trouxeram ao espectador e ao consumo da televisão. A televisão mudou sistematicamente em um processo histórico contínuo, tanto como dispositivo quanto como fenômeno. Há novas potencialidades que a televisão ganha na contemporaneidade com o advento do digital e por conta de seus usos.

A televisão brasileira, sendo o meio predominante da contemporaneidade no país, atrai diariamente milhões de pessoas para sua programação. Ela é central nesse movimento de convergência de mídias e telas que redefine a própria televisão no Brasil. Atualmente, a TV Globo, parte do maior conglomerado de mídias da América Latina, também é a emissora de televisão preponderante no Brasil. Em 2017, a emissora divulgou uma campanha celebrando uma audiência diária de "mais de 100 milhões de pessoas". Durante o Pay TV Fórum 2022, Melissa Vogel, CEO da Kantar Ibope Media, chamou a atenção para a relevância que a televisão linear ainda tem na vida dos brasileiros. Em 2021, mais de 205 milhões de pessoas assistiram aos conteúdos de televisão linear, com uma média diária de 5 horas e 37 minutos. Um estudo recente da Kantar Ibope Media apontou que, entre outubro e dezembro de 2022, as cinco novelas da Globo falaram, em média, com 144 milhões de pessoas diferentes por mês. A empresa aponta, ainda, que 87% da audiência de vídeo consumido no domicílio foi de televisão linear, enquanto 13% foram de plataformas de vídeo online (Inside Video 2023).

O fato de a televisão linear no Brasil ter audiências em massa até hoje é um fenômeno típico brasileiro. Na maior parte dos países, o conteúdo pulverizado em vários canais e plataformas resulta em um público fragmentado. Plataformas digitais, como Amazon Prime Video, Netflix e Hulu, usam precisamente essa segmentação de audiência, junto com dados de usuários, para produzir narrativas com apelo específico para uma audiência previamente identificada. A Netflix anunciou que a plataforma totalizou 230 milhões de usuários no fim de 2022, em 190 países. No entanto, por enquanto, a maior parte dos conteúdos da Netflix ainda não tem qualquer vocação de se tornar um produto de audiência de massa, como analisaremos mais adiante.

Como resultado de seu estilo generalista, a TV Globo, concessão pública explorada comercialmente por um grupo privado, cria o que Dominique Wolton (1996) define como um laço social entre as muitas realidades brasileiras, associando ideologia e técnica e criando diversas relações, sempre em transformação. Nesse sentido, Esther Hamburger pondera: "A televisão se estabeleceu como um meio capaz de abordar os mais variados segmentos em termos sociais, de idade e regionais." (Hamburger, 2011) Muanis (2018) observa que a televisão também proporciona uma sensação de "estar atualizado", o que leva o espectador a consumir um determinado conteúdo dentro de um determinado prazo para participar de conversas e debates em seu grupo social. Em um país de dimensões continentais e realidades sociais e econômicas distintas, as mesmas notícias e narrativas ocupam a parte mais significativa da programação. Desse modo, a televisão também pode ser uma imensa máquina de influência. Como observou Barbosa, o discurso feito pelo magnata da imprensa Assis Chateaubriand na abertura da TV Tupi, a primeira emissora de televisão brasileira, em 18 de setembro de 1951, indica a forma como essa tecnologia foi percebida. Nas palavras de Chateaubriand, "[...] a máquina mais subversiva para influenciar a opinião pública — uma máquina que dá voo para a fantasia mais caprichosa e reúne os grupos mais abrangentes da humanidade" (Barbosa, 2010).

Construída ao longo das últimas décadas, a vasta audiência da televisão linear e o poder econômico da TV Globo são amplamente criticados. Diversos grupos acusam o jornalismo da TV Globo de ser tendencioso, especialmente na maneira de reportar acontecimentos políticos brasileiros para seu público. A questão da representatividade narrativa na dramaturgia e as consequências disso também são pontos de discussão. Um debate sobre a verdadeira extensão da influência política, cultural e social, e o poder econômico de uma grande emissora de televisão como a TV Globo, é bastante complexo e abrangente; no entanto, apesar da relevância, está fora do escopo desta pesquisa. Este livro analisará as transformações da espectatorialidade dos conteúdos ficcionais tradicionais da televisão aberta, que, por sua vez, atualmente transcendem as fronteiras de seu formato narrativo e também de seu suporte ou dispositivo original, levando em conta o ecossistema midiático, as experiências participativas e a convergência de telas. Cunhado por Scolari (2009, 2019), o termo "ecossistema midiático" designa o conjunto de mídias, plataformas e telas utilizadas na circulação, distribuição, interação e exposição de conteúdo, de forma única ou convergente. É uma forma de dar conta semanticamente da multiplicidade de telas, gêneros e da constituição de diferentes possibilidades da imagem, modelos de negócios e da interatividade com o público.

A principal pergunta feita aqui é como a televisão brasileira e sua enorme audiência, tendo como objeto seu conteúdo de dramaturgia mais tradicional, a telenovela, pode ou não se transformar e sobreviver à chegada de plataformas digitais de conteúdo segmentado. Como a telenovela brasileira resiste, negocia e adere a novas plataformas e a mudanças nos espectadores?

Para responder a essa pergunta, é preciso primeiro definir o que entendemos como televisão no Brasil, e qual a importância da telenovela para essa definição. Além disso, e principalmente, por que as transformações desse conteúdo e a audiência de seus telespectadores são vitais para especular sobre o futuro da televisão no Brasil. A hipótese — baseada na análise do formato da telenovela, suas influências, consumo, características e transformações — é que, enquanto a telenovela continuar a fazer parte da cultura brasileira, continuará sendo um produto de massa. E como produto de massa, pode ser consumida em qualquer plataforma, mídia ou tela que continuará sendo uma telenovela e, como tal, seguirá sendo sinônimo de televisão brasileira.

Muitos autores europeus usam os termos paleotelevisão e neotelevisão (Eco, 1984; Casetti e Odin, 1998; Scolari, 2009) para descrever a transição de uma televisão exclusivamente pública europeia, com focos mais pedagógicos e educacionais, para a televisão privada e comercial que a sucedeu em meados da década de 1970, com outro formato de fluxo de programação. A paleotelevisão europeia tinha a filosofia do serviço público e a neotelevisão, uma perspectiva capitalista de lucro. Scolari (2009, 2019) cunhou o termo hipertelevisão, que não seria uma nova etapa da série paleo/neo, mas, em vez disso, uma configuração particular da rede sociotécnica em torno do meio da televisão. Na hipertelevisão, o controle do espectador é mais significativo. Além de mudar de canal, o espectador pode interagir com o conteúdo em outras mídias, como uma página na internet relacionada a um determinado programa e a introdução de novos textos, se tornando um produto de convergência com outras mídias.

Ao analisar a televisão dos Estados Unidos, vários autores (Williams, 1974; Fiske, 1987; Lotz, 2007; Mittel, 2015) usam o termo *network era* para descrever o período entre os anos 1950 e meados da década de 1980, no qual três redes de televisão dominaram a audiência do país. Williams (1974) argumenta que uma experiência típica da televisão era o fluxo linear da programação como um todo em detrimento do consumo separado de cada programa. Em muitos aspectos, esse período é muito semelhante ao da televisão hegemônica do Brasil de hoje, em que quatro emissoras dominam a parte mais significativa da audiência: TV Globo, Record, SBT, TV Band. No entanto, a televisão muda em cada país de acordo com contextos específicos, e a televisão brasileira possui características únicas, como veremos mais adiante.

Lotz (2007, 2014) descreve a forma como a *network era* de mídia de massa nos Estados Unidos deu lugar à *post network era* e à fragmentação da audiência em uma grande variedade de canais de televisão a cabo, especificamente concebidos para públicos de nicho. Esse período também é marcado por mudanças de materialidade, o conteúdo e os serviços se tornam menos ligados à presença física do aparelho televisivo. Em uma palestra para a conferência *Television Histories in Development* (2021), Lotz se pergunta como as mudanças nas normas industriais das televisões causaram transformações também nos textos e afetaram o conteúdo audiovisual nos Estados Unidos, com diferentes prioridades e métricas de sucesso. Mittell (2015) afirma que as expectativas de como os telespectadores assistem à televisão, como os produtores criam histórias e como as séries são distribuídas mudaram, levando a um novo modelo de televisão que ele chama de *complex tv*. Para ele, a televisão se torna complexa à medida que as narrativas precisam atender às expectativas de um público multiplataforma mais atento, uma vez que um programa pode ser visto diversas vezes e em várias telas disponíveis. Devemos repensar o que significa assistir à televisão, as práticas associadas a ela e o que exatamente constitui o conteúdo televisivo antes de analisar se essa mídia está chegando ao fim.

Jérome Bourdon analisa os discursos do fim da televisão ao longo de décadas e observa que a discussão sobre o fim dessa mídia como desejável surgiu muito cedo na história, com um notável núcleo de argumentos comuns entre os países. Bourdon considera que "o discurso sobre o desejo do fim da televisão não pode ser separado da longa percepção, pelo menos entre as elites culturais e políticas, de a televisão como um 'meio prejudicial' ou como um 'objeto ruim'" (Bourdon, 2018). Apesar de admitir que as expectativas em relação à televisão mudaram, Lotz (2007, 2014) pondera que as transformações nas maneiras de assistir a conteúdo audiovisual não aceleraram o fim da televisão, mas, em vez disso, revolucionaram esse meio. Além disso, Lotz (2021) também observa que, em vários países, o streaming — apesar de a autora não acreditar que ele vá substituir a televisão aberta — se tornou a principal plataforma de conteúdos de ficção. Esse não é o caso do Brasil.

A televisiva brasileira foi inaugurada na década de 1950, seguindo o formato de transmissão do rádio, oferecendo apenas programação e transmissão locais. Embora as emissoras de televisão sejam concessões públicas, a televisão no Brasil foi uma empreitada da iniciativa privada desde o início: grupos empresariais que comandavam corporações de mídia — jornais e estações de rádio — se aventuraram no novo meio. A primeira emissora, a TV Tupi São Paulo, de propriedade do poderoso magnata da mídia Assis Chateaubriand, vendeu o equivalente a um ano de publicidade para quatro empresas diferentes a fim de financiar seus investimentos. O início da televisão brasileira foi, portanto, o oposto do que se deu no mesmo período na televisão europeia. À medida que o negócio crescia e a receita aumentava, as emissoras de televisão brasileiras se tornaram produtoras, além de exibir e distribuir conteúdo. Até hoje, a maior parte do conteúdo da televisão aberta é produzida em estúdios que pertencem a grandes corporações. A concorrência e as novas possibilidades de transmissão levaram as emissoras de televisão locais a se tornarem redes nacionais. Emissoras públicas de televisão surgiram no Brasil apenas durante a década de 1970, mas nunca alcançaram os mesmos números de audiência que as emissoras privadas.

Atualmente, a maior parte dos canais abertos no Brasil, como em outras partes do mundo, busca soluções tecnológicas para o consumo online de seus conteúdos, seja através da transmissão ao vivo da programação, seja através da exibição de programas pertencentes ao seu acervo e produções originais em plataformas digitais com modelos híbridos de negócios. A própria transmissão de conteúdo audiovisual da televisão também se transformou — até recentemente, a principal forma de distribuição era transmitida a cabo ou via satélite.

No entanto, a televisão brasileira atual tem muitas semelhanças com as estratégias econômicas do período descrito pelos teóricos europeus como neotelevisão. Possui também audiências massivas, como a *network era* descrita por autores norte-americanos. Entretanto, isso não significa que o público brasileiro não tenha acesso a serviços que seriam característicos de períodos mais recentes das mídias televisivas nos Estados Unidos e na Europa. Embora comparável em muitos aspectos às teorias e descrições de vários autores sobre estágios da história da televisão em diferentes períodos e países, o modelo brasileiro é único, e isso inclui seu conteúdo dramatúrgico mais tradicional: as telenovelas, mais comumente chamadas somente de novelas.

Segundo Martín-Barbero (1997, 2004), a telenovela não é apenas um gênero televisivo brasileiro bem-estabelecido, é também o formato de programa mais importante e mais longevo da televisão brasileira, sustentado por regras de melodrama que constituem a matriz narrativa latino-americana. Martín-Barbero argumenta que é um erro pensar que a televisão seria um assunto de comunicação e não de cultura, uma vez que os sinais da identidade cultural latino-americana são reconhecíveis no melodrama da telenovela, recuperando a memória popular por meio do conteúdo industrial. Para ele, nenhum outro gênero teve tanto sucesso em cativar o público da América Latina. Hamburger (2011) observa que "a telenovela brasileira desafia a polarização entre alta e baixa cultura, entre cultura clássica e popular, modernismo e cultura de massa". No Brasil, as noções de televisão e telenovela se misturam e são sinônimos.

De acordo com o grupo de pesquisas Obitel, coordenado por Lopes, Piñón e Burnay (2022), em 2021, ano atípico por conta das restrições na produção televisiva impostas pela pandemia, 12 telenovelas inéditas foram exibidas na televisão aberta brasileira e 24 foram reprisadas. Como roteirista e diretora, seja em produções cinematográficas independentes ou trabalhando para emissoras de televisão, participei diretamente da elaboração e produção de diversos projetos audiovisuais — longas-metragens, séries e programas de televisão, além de webséries. Entre eles, escrevi cinco telenovelas para a TV Globo: duas temporadas de *Malhação* (2012 e 2014) — a primeira temporada, que assino com Glória Barreto, foi indicada para o Emmy Digital, em 2013, e a segunda, que assino com Paulo Halm, para o Emmy Kids Internacional em 2016 e em 2017. Também escrevi com Paulo Halm a telenovela *Totalmente demais* (2016), indicada ao Emmy Internacional de melhor telenovela em 2017. E, finalmente, a novela *Bom sucesso* (2019), que também assino com Paulo Halm. Em 2022, também na TV Globo, assinei a telenovela *Vai na fé* (2023), além da série musical *Vicky e a musa*, para o canal de streaming Globoplay e o canal a cabo Gloob. Participei, também, de iniciativas para estender os conteúdos das novelas e séries para outras telas. Portanto, este livro é um trabalho híbrido, que mistura experiência empírica e fontes de mercado com fontes teóricas.

Mônaco (2010) pondera que alguns acadêmicos consideram suas múltiplas posições, de fãs (de séries) e pesquisadores (de séries, bem como de seus grupos de fãs), vulneráveis, e as escondem de outros estudiosos. No entanto, ela acredita que é vantajoso tornar o processo explícito. A identidade revelada e a memória emocional esclarecem as escolhas da pesquisa. Hills (2002), em sua pesquisa sobre fãs, também avalia que a academia geralmente rejeita a ideia de identidades híbridas — que podem se constituir não apenas na academia, mas também fora dela. No meu caso, as identidades híbridas são as de roteirista e diretora audiovisual com as de pesquisadora e acadêmica. Optei por explorar todas essas identidades por acreditar que expor processos nos quais participei também contribui para a pesquisa em questão.

Nas últimas décadas, trabalhei intermitentemente na TV Globo como diretora, roteirista e autora de telenovelas, embora isso não signifique que eu participe, aprove ou mesmo tenha acesso às decisões estratégicas da empresa em relação à convergência de telas, modelos de negócios ou a qualquer outro assunto pertinente à gestão. Participo apenas do conteúdo criativo e artístico das obras com as quais estou envolvida. Nesta pesquisa, as suposições sobre o modelo de negócios da televisão baseiam-se em movimentos de mercado, questões jurídicas e de regulação, análises de dados e pesquisas, em contraponto às iniciativas públicas da empresa. Os capítulos a seguir analisam algumas das experiências das quais participei, além de experiências semelhantes que têm relação com a teledramaturgia.

O primeiro capítulo deste livro discute as telenovelas no Brasil do ponto de vista histórico e cultural, as transformações vivenciadas pela narrativa e quais atributos permanecem os mesmos até os dias de hoje. A narrativa da telenovela sofreu várias influências ao longo de sua história, com ênfase no melodrama, no *feuilleton* e no espectador. Mesmo após aproximadamente 70 anos de existência, as novelas seguem sendo a narrativa central de audiência massiva no Brasil, além de serem exportadas para vários outros países. Esse capítulo também analisa as principais características da narrativa da telenovela: temas, formato, elementos linguísticos.

O segundo capítulo busca demonstrar como uma telenovela é desenvolvida, desde a primeira ideia até a estruturação e a produção de episódios. Esse capítulo aprofunda e detalha o processo de escrita que é essencial para o formato e também para a cadeia de poder da telenovela. Aqui, a prática e a experiência empírica têm um peso maior do que no restante do livro. Uma das razões para isso é a falta de material teórico sobre a construção narrativa e o processo de escrita de telenovelas brasileiras em detrimento de um vasto material sobre o processo de construção narrativa de roteiros de séries e filmes.

O terceiro capítulo investiga a relação do público com a telenovela da perspectiva do que o espectador espera do drama diário e como a narrativa se adapta a essas expectativas; o possível diálogo entre esse espectador e os produtores e executivos das redes de televisão; qual seria, efetivamente, o poder desse espectador e como ele é ampliado (ou não) por novas tecnologias e plataformas interativas.

O quarto capítulo deste livro trata do modelo de negócios da telenovela e do consumo da narrativa, dos personagens e dos respectivos universos. Esse tema tem várias camadas — tanto a relação da telenovela com uma ética romântica de consumo quanto a apropriação pelo público de posições e atitudes retratadas na televisão e a subsequente ressignificação da narrativa. O conteúdo também pode ser visto como um produto a ser compartilhado. Esse capítulo também abordará o entrelaçamento de produtos de consumo e a narrativa da telenovela como parte de um modelo de negócio de sucesso.

O quinto capítulo, composto por quatro estudos de caso, explora a relação dos espectadores com a telenovela e como as novas tecnologias transformaram essa relação e criaram um novo equilíbrio de interação. São experiências relacionadas à nova espectatorialidade, ao conteúdo transmídia, ao fenômeno da convergência de tela e ao deslizamento de conteúdo entre plataformas de distribuição e exibição. Inicialmente, analisamos a primeira experiência de conteúdo narrativo transmídia produzido para uma telenovela das 21 horas, o principal produto da televisão brasileira hoje; em seguida, um experimento com fanfic e telenovela; um *spin-off* de uma telenovela para a internet; e, finalmente, a análise do deslizamento de uma novela das 21 horas para a plataforma digital Globoplay e a reflexão sobre experiências recentes, ainda que pontuais, de telenovelas feitas para o streaming. A existência de uma convergência de mídias ao estilo brasileiro e o desenvolvimento da experiência transmídia no Brasil estão sendo considerados aqui.

Finalmente, na conclusão reexaminamos a principal questão levantada e discutida nos capítulos: a telenovela pode ser a chave para a sobrevivência da indústria televisiva brasileira? E como essa narrativa pode sobreviver ao deslizamento de conteúdo para outras telas e mídias, à chegada de plataformas digitais e interativas e às transformações na audiência?

Telenovela: história, transformações e resiliência

O folhetim, obra de ficção seriada de entretenimento, apareceu na França na década de 1830. Segundo Bragança (2007), com a consolidação da burguesia, o objetivo do jornal era expandir o mercado. O folhetim estava localizado no rodapé da primeira página e era um espaço destinado ao entretenimento. O potencial comercial que o espaço teria na própria estruturação do jornal e a relação com as notícias diárias tornou-se logo evidente. Foi a partir desse momento, também, que os primeiros anúncios foram inseridos nas páginas dos jornais, dando início a uma imprensa de mercado. Essa relação foi fundamental na constituição da indústria cultural no século XX, presente em uma cultura de massa produzida, por exemplo, pela *soap opera* norte-americana — que surgiu na década de 1930 e também revela uma forte conexão entre público e conteúdo —, pela radionovela e, posteriormente, pela telenovela. Até hoje, as telenovelas brasileiras, de tantas formas descendentes do folhetim, ainda vão ao ar entre noticiários e anúncios no fluxo linear de programação da televisão aberta.

Na América Latina, o folhetim absorveu a matriz francesa, mas abordou questões da cultura local. Silva (2010) analisa as repercussões no Brasil, onde o romance e o folhetim representavam a modernidade literária por meio de autores como José de Alencar, Machado de Assis, Lima Barreto, Raul Pompeia e Manuel Antônio de Almeida. A sensibilidade romântica — em suas imbricações com o folhetim e o melodrama — permaneceu presente.

Lopes (2015) observa que o gênero melodramático, com origem na conjunção de dois termos gregos, "μέλος", que significa música, e "δράμα", que se refere à ação dramática, nasceu na Itália, no século XVII, e referia-se inicialmente a um drama inteiramente cantado, que foi identificado sobretudo com a ópera. "O seu surgimento na França, posteriormente, aparece associado à querela entre músicos italianos e franceses em meados do século XVIII." De acordo com o autor, a afirmação do melodrama como novo gênero teatral, entrado na maioridade, autônomo, aconteceria no início do século XIX. Segundo Silva (2010), nos séculos XIX e XX, o melodrama passou por transformações em busca de novas formas para cativar diferentes públicos, inclusive aqueles que começaram a frequentar o teatro na esteira das mudanças sociais. O melodrama se adapta ao momento e à linguagem e moderniza-se ao gosto da época, sempre com viés comercial. O aspecto seriado do folhetim, juntamente com ferramentas fictícias, como ganchos narrativos e o propósito de entreter, ainda está presente nas telenovelas, assim como as características da narrativa do melodrama, com seus arquétipos, ações e diálogos intensificados e polarizados. Brook (1976) observa que o melodrama é radicalmente democrático, esforçando-se para tornar suas representações claras e legíveis a todos, assim como telenovelas.

No Brasil, ao longo de mais de 70 anos de história, a telenovela permanece como a principal narrativa de ficção da televisão aberta, atraindo milhões de espectadores diariamente. A telenovela foi influenciada por vários agentes que tornaram sua narrativa, linguagem e formato genuinamente brasileiros. Hamburger (2011) pondera que os profissionais brasileiros buscaram distinguir seu trabalho de outras produções latino-americanas. Segundo a autora, enquanto as telenovelas mexicanas se tornaram mais melodramáticas, as brasileiras se tornaram mais naturalistas, investindo em filmar em locações reais e fazendo uso da linguagem coloquial. O Brasil importou textos de Cuba, como muitos outros países, para radionovelas e, depois, para as primeiras telenovelas. No entanto, por serem consideradas excessivamente dramáticas, as produções só foram transmitidas após adaptações.

Atualmente, invertendo esse fluxo, as telenovelas brasileiras são exportadas para vários outros países. Filippelli trabalhou na TV Globo vendendo telenovelas brasileiras para a Europa, o Sudeste Asiático, o Oriente Médio e a África entre 1977 e 1999. O autor narra o sucesso de obras como *Dancing days* na Europa, *Escrava Isaura* na China e em diversos outros países, *Mulheres de areia* na então União Soviética, e como uma entrevista com Glória Pires, atriz que fazia as gêmeas protagonistas da telenovela, chegou a ser distorcida e usada para a campanha de Iéltsin à presidência: "A matéria abria com enorme destaque, assim: 'Se pudesse, Glória Pires votaria em Iéltsin.'" (Filippelli, 2021) Hamburger faz a seguinte observação: "A exportação de novelas brasileiras demonstrou a possibilidade de reversão dos fluxos transnacionais de informação e cultura." (Hamburger, 2011) Recentemente, uma telenovela que assinei com Paulo Halm, *Totalmente demais*, foi vendida para mais de cem países, entre eles, Estados Unidos, Alemanha, Portugal, Chile, Hungria, Croácia, Geórgia, Dubai, países da África francofônica, Vietnã, Israel e Índia.

Assim como as telenovelas brasileiras, a *soap opera* norte-americana também tem uma matriz melodramática e usa ferramentas narrativas com origens no folhetim, como os ganchos. Além dessas características, as *soap operas* têm em comum com as telenovelas brasileiras — e a maioria das telenovelas latino-americanas — o fato de o modelo de negócio ser desde o início apoiado pela publicidade, principalmente de produtos associados à casa e ao público feminino. No Brasil, a publicidade de marcas e produtos também teve papel importante, alavancando e sustentando a dramaturgia diária na tv. Almeida (2002) investiga a associação das telenovelas com o público feminino, o que seria um desdobramento de associações mais antigas entre as produções culturais femininas e outras específicas, como o folhetim e o melodrama, demonstrando que há grande interesse comercial nessa construção simbólica.

Nos primeiros anos das telenovelas no Brasil, elas eram supervisionadas por agências de publicidade e autores pioneiros que migraram do rádio para a TV como Ivani Ribeiro e Walter George Durst, que trabalhavam para empresas como Gessy Lever ou Colgate-Palmolive. No livro *Autores* (Fiuza e Ribeiro, 2008), Benedito Ruy Barbosa lembra: "Eu era aquele que chegava dando ordem, porque quem patrocinava tudo era a Colgate, a empresa para a qual trabalhava. Foi assim até a [TV] Globo acabar com a figura do patrocinador e passar a cuidar ela mesma das suas novelas, contratando seus autores." Ruy Barbosa foi um dos muitos autores contratados pela Globo.

Apesar de algumas semelhanças, as telenovelas brasileiras têm muitas diferenças em relação às *soap operas*. A principal delas é que as telenovelas têm um começo, meio e fim, enquanto as *soap operas* não têm previsão de final. *Days of Our Lives*, da emissora norte-americana NBC, por exemplo, é uma das obras mais extensas da teledramaturgia no mundo: começou a ser exibida pela NBC em 1965 e terminou em 2013. A dramaturgia girava, principalmente, em torno da saga de duas famílias, os Hortons e os Bradys. Uma das atrizes, Suzanne Rogers, comemorou 40 anos de participação nessa novela em 2013. Além dessa distinção, no Brasil, as telenovelas são exibidas em horário nobre, enquanto as *soap operas* ocupam um horário menos prestigiado à tarde. As telenovelas no Brasil podem ser contemporâneas, de época ou até mesmo ambientadas em um universo imaginário, enquanto as *soap operas* geralmente são ambientadas nos dias atuais. Silva (2010) observa que as histórias norte-americanas adotaram inicialmente o estilo do romance doméstico inglês do século XIX, apresentando conflitos familiares de classe média de uma perspectiva feminina, enquanto as produções para o rádio e, posteriormente, para a televisão no Brasil foram adaptadas aos interesses das mulheres latino-americanas.

Analisando a história da telenovela brasileira, podemos constatar que a principal influência que a torna singular é seu público, que se envolve com a trama e lhe dá novas interpretações. É o espectador que, em última análise, provoca mudanças na telenovela, um produto da televisão comercial que depende da audiência maciça em função de seu modelo de negócio. Portanto, a interpretação do desejo do espectador pela emissora influencia diretamente o conteúdo e a programação. Os autores precisam antecipar temas que serão caros ao público em um futuro próximo para desenvolver uma telenovela que interesse, provoque e interaja com esse público.

Neste capítulo, serão abordadas as principais características da telenovela — temas, narrativa, formato e elementos linguísticos. Discutiremos os agentes influenciadores que atuaram ao longo da história da telenovela, com ênfase no espectador. O objetivo é analisar as transformações, os atributos e os elementos que permanecem nessa narrativa ao longo do tempo e o que mudou.

Telenovela e sociedade

Sua vida me pertence é considerada a primeira novela da televisão brasileira. Estreou em 21 de dezembro de 1951, pouco mais de um ano após a inauguração da TV Tupi São Paulo e meses após a inauguração da TV Tupi Rio de Janeiro por Assis Chateaubriand. Walter Forster escreveu, produziu, dirigiu e também atuou na telenovela ao lado de Lia de Aguiar e Vida Alves. Juntos, Forster e Vida protagonizaram o primeiro beijo da história da TV brasileira.

> Walter Forster pensou: Uma novela. Vou lançar uma novela na televisão. O público feminino está crescendo dia após dia. E as mulheres adoram romance. Um trio amoroso. Isso dá suspense. E cada capítulo tem que acabar no alto, para dar gancho pro capítulo seguinte. Ah, e vou colocar um beijo. Vai ser sensacional! (Alves, 2008)

Havia muitos obstáculos que Walter Forster enfrentou na aprovação da cena do beijo. Ricco e Vannucci observam que "o assunto foi tabu não apenas para o público, mas também entre os artistas" (2017). Forster teve de assegurar ao marido de Vida Alves, um engenheiro italiano, que não haveria ensaio e os movimentos da cena seriam passados tecnicamente. Segundo Vida Alves (2008), o próprio diretor-executivo da TV Tupi, Costa Lima, era contra a cena, mas um dos principais argumentos do autor era que nos Estados Unidos isso já estava acontecendo nos filmes. Costa Lima, no entanto, ponderou que não só o público brasileiro era diferente do público norte-americano, mas também que o programa iria ao ar em lares brasileiros, na sala de estar, e não em um cinema escuro. Depois de conseguir envolver toda a diretoria da TV Tupi, o beijo foi aprovado.

Apesar de ter sido um beijo casto, segundo Alencar, "gerou protestos de todos os tipos contra a imoralidade que ameaçava os lares do país" (Alencar, 2002). Alves relembra a repercussão do beijo: "Algumas pessoas ficaram alvoroçadas. Escandalizadas. Outras apenas caladas. Outras assustadas. Uma coisa importante tinha acontecido, disso todos sabiam" (Alves, 2008). Como as telenovelas na época eram exibidas ao vivo, não há documentação desse fato histórico; apenas fotos de divulgação alusivas ao que aconteceu momentos antes e depois do beijo.

Esse episódio ilustra quanto as telenovelas mudaram nas últimas décadas e como a sociedade influencia essas mudanças. Hoje em dia, um beijo dificilmente escandalizaria o espectador de uma novela. Dependendo do horário, além de vários beijos, cenas que insinuam o ato sexual também podem aparecer. Segundo Eneida Nogueira, diretora de pesquisa da TV Globo até 2017, "não são as pessoas que assistem televisão. É a televisão que assiste à sociedade. O que funciona na televisão é o que a sociedade quer ver" (Nogueira e Svartman, 2018). Segundo ela, um autor de televisão tem de ter a capacidade e a sensibilidade para vislumbrar em que direção o *éthos* da sociedade está caminhando: "O grande segredo da televisão é você entender o que está latente na sociedade. Não é algo que todo mundo já saiba, porque isso não causaria nenhuma admiração, mas também não pode ser algo muito distante; caso contrário, as pessoas não reconheceriam." Seguindo esse raciocínio, o beijo visto por famílias em suas casas em 1951 também retratou uma tendência a uma maior permissividade da sociedade, uma latência percebida por Walter Forster.

A pesquisadora Clarice Greco (2019) observa que é como se as telenovelas "profetizassem" discussões pulsantes no cenário social, antecipando um debate público que, por sua vez, acaba influenciando lentamente o modo de pensar do brasileiro: "Nesse sentido, ela atua como narradora da verdade nacional, que ilustra costumes brasileiros e caminha atualizando esses costumes na medida em que se mostram férteis." Avalio que se trata de um diálogo constante entre a narrativa e a sociedade, em que uma alimenta a outra. Quando há sintonia entre as partes, a audiência permanece.

Eneida Nogueira observa, também, que a definição do que seria uma heroína popular mudou, especialmente nos últimos dez anos. Para a protagonista de hoje, o romance não pode ser o único objetivo, ela precisa ter conquistas pessoais ou profissionais. "As pessoas querem se inspirar", diz Nogueira. A heroína precisa acompanhar as transformações, lutas e realizações das mulheres de seu tempo. O autor Aguinaldo Silva faz uma síntese sobre as heroínas no livro *Autores*: "A única característica da jovem que permanece é que quando ela se apaixona, ela é fiel à sua paixão."

Uma das principais ferramentas que as emissoras usam para entender o desejo do público são os grupos focais, também chamados de grupos de discussão ou pesquisa qualitativa. Na TV Globo, essa pesquisa geralmente acontece um mês após a data de início da telenovela. A rejeição ou aceitação de um par romântico pelo público pode definir a trajetória da heroína. No caso da novela *Caminho das Índias* (2009), de Gloria Perez, o papel feminino principal de Maya Meetha, interpretada por Juliana Paes, teria como par romântico Bahuan Sundrani, interpretado por Márcio Garcia. No entanto, após o primeiro mês, a rejeição ao casal fez com que a autora mudasse a história original e a heroína então se apaixonou por Raj Ananda, interpretado por Rodrigo Lombardi. Como veremos mais adiante, mudanças como essa não são incomuns em uma obra.

Eneida Nogueira observa que quando a televisão leva ao ar algo que vai contra os princípios dos telespectadores, o público perde o interesse. "A TV não impõe. O que vai bem é o que a sociedade quer." (Nogueira e Svartman, 2018). Há uma grande diferença entre o que o público "ama odiar" ou que instiga o debate e personagens ou situações que o público simplesmente rejeita e depois para de assistir à obra. É preciso compreender os limites morais e éticos desse espectador, sem necessariamente julgá-lo, mas é possível fomentar o diálogo através da teledramaturgia. Quando a telenovela é percebida como reativa ao que o espectador acredita, impondo uma maneira de pensar, o espectador a rejeita. Portanto, é preciso entender que a sociedade brasileira de 1951 buscava ver um beijo na televisão; a prova disso é que a telenovela foi um sucesso de audiência na época, embora grande parte do público se dissesse chocado com a cena do beijo.

Em entrevista para *Autores*, Benedito Ruy Barbosa diz que, ao abordar temas específicos, é necessário refletir sobre as diferenças presentes nas diversas regiões brasileiras:

> Se toda plateia fosse de Copacabana, do Leblon ou da Avenida Paulista, você seria mais livre para abordar certos temas. Mas você tem que pensar também no telespectador do Mato Grosso do Sul, de Goiânia, de Roraima, do Acre. São pessoas que têm outra formação, mais conservadoras, moralistas, que lidam com os filhos de uma forma totalmente diversa. (Fiuza e Ribeiro, 2008)

Eneida Nogueira reconhece que, ao contrário do jornalismo, que relata o que acontece no mundo, a telenovela permite que os espectadores observem o que acontece dentro de suas casas, ao seu redor, em suas vidas: "A ficção é o momento em que a pessoa ressignifica as coisas que pensa, as coisas que sabe. É como se usasse isso para reavaliar o que pensa, ou reafirmar, ou contestar, ou se colocar no lugar dos outros." (Nogueira e Svartman, 2018)

Há vários exemplos de telenovelas que foram rejeitadas pelo público. O que essas telenovelas têm em comum é justamente o fato de não estarem em sintonia com as práticas e os princípios da sociedade na época.

Em *Dono do mundo*, telenovela escrita por Gilberto Braga que estreou em janeiro de1992, a rejeição à personagem Márcia, interpretada por Malu Mader, fez com que o autor reformulasse toda a trama. Gilberto Braga é um autor conhecido por discutir moral e ética na sociedade. Obras como *Vale tudo* (1988) e *Pátria minha* (1994) compõem uma trilogia com *Dono do mundo*. Os primeiros capítulos giravam em torno de uma aposta. O protagonista, Felipe Barreto, interpretado por Antônio Fagundes, apostava que poderia tirar a virgindade da jovem Márcia, que estava noiva de um de seus funcionários, antes do futuro marido. Ele ganha a aposta e o noivo traído se mata. Em Fiuza e Ribeiro (2008), Gilberto Braga conta que o grupo focal da telenovela revelou que o público considerava a heroína frívola por se deixar seduzir pelo protagonista com moral duvidosa. Gilberto Braga comenta que considerava a história muito forte, embora avalie que não era adequada para uma telenovela, pois era cruel e, portanto, perturbadora para o telespectador. Em entrevista para o jornal *O Estado de S. Paulo*, Malu Mader (Fernando, 2014) atribuiu a rejeição à falta de consonância com a sociedade conservadora e preconceituosa da época. A atriz ponderou que foi difícil seguir um caminho diferente do que ela e a equipe tinham planejado para a personagem. A pedido da emissora, o autor Silvio de Abreu interferiu na obra, mudando os perfis dos personagens principais e recuperando gradualmente a audiência.

Um caso de rejeição mais recente e menos óbvio aconteceu com a novela *Babilônia* (2015), escrita pelo mesmo autor, Gilberto Braga. Dessa vez, Braga foi coautor da obra com João Ximenes Braga e Ricardo Linhares. É um exemplo menos evidente porque as baixas audiências, o primeiro termômetro de rejeição, ocorreram em função de mais de um fator. Muitos críticos atribuem a rejeição à fragilidade da narrativa — o duelo entre duas vilãs interpretadas por estrelas da emissora, Glória Pires e Adriana Esteves. Ricco e Vannucci (2017) observam que, na época, os críticos culparam o excesso de violência urbana e a proximidade com a realidade como fatores que afastaram o público. Muitos espectadores preferiram mudar para as tramas bíblicas da concorrente Record tv.

Segundo uma pesquisa nacional do IBGE, de 2010, 91% da população brasileira declarou ter religião. A Record tv, que pertence à Igreja Universal do Reino de Deus, fundada pelo bispo Edir Macedo, soube identificar essa oportunidade temática e oferecer telenovelas bíblicas bem realizadas, com atores conhecidos, cheias de efeitos especiais que dão credibilidade a essas narrativas. Segundo Ricco e Vannucci (2017), a linguagem adotada em *Os dez mandamentos* (2015-2016), sem diálogos complicados ou tramas sofisticadas, também é uma explicação para a alta aceitação do público. Observam, ainda, que os espectadores apontaram a falta de violência e os temas inerentes a todo ser humano como valores centrais dessa produção. Em entrevista a Ricco e Vannucci (2017), a autora da telenovela,

Vivian de Oliveira, comenta que o sonho de liberdade de um povo, a fé e a esperança eram tudo o que o público queria. O autor e a emissora perceberam, na época, uma latência na sociedade: falar sobre fé.

Um dos autores de *Babilônia*, Ricardo Linhares, em entrevista ao site *Ego*, reconhece que o beijo romântico do casal formado pelas aclamadas atrizes Fernanda Montenegro e Nathália Timberg no primeiro capítulo afastou parte da audiência. Ele afirmou não se arrepender da cena: "Não há razão para tal agitação. Isso revela o preconceito e a hipocrisia dos telespectadores brasileiros." (Dezan, 2015) Independentemente de a sociedade brasileira ser preconceituosa, hipócrita ou não, o episódio revela também a falta de entendimento entre a narrativa e o público.

Na televisão comercial, baixas audiências podem fazer um programa sair do ar. No caso de uma telenovela, é necessário levar em conta o considerável investimento que esse produto exige: contratação de atores, equipe, construção de cenários. A melhor alternativa, portanto, é modificar a obra para que ela conquiste novamente o público. No caso de *Babilônia*, foram feitas várias mudanças. Entre elas, a redução das carícias explícitas entre as atrizes que formavam o casal gay; Carlos Alberto, interpretado por Marcos Pasquim, que era inicialmente gay, acabou se apaixonando por uma mulher; Alice, uma personagem interpretada por Sophie Charlotte, que seria uma prostituta, se transformou em uma jovem romântica.

Ricardo Linhares encerra a entrevista afirmando corretamente que "é preciso ousar sempre. O escritor não pode se contentar com menos" (Dezan, 2015). É dessa forma, ousando, que a telenovela brasileira busca temas pertinentes à sociedade, levantando questões que muitas vezes não são percebidas inicialmente, mas que fazem parte da dimensão subjetiva da sociedade. Um autor que prefere apenas agradar ao público e escreve sob autocensura dificilmente será capaz de oferecer ao espectador uma história instigante. A dificuldade está na tênue fronteira entre o que promove o debate — e, portanto, o interesse — e o que causa rejeição. O autor precisa ter sensibilidade e inspiração para escrever buscando esse equilíbrio. Aguinaldo Silva relata:

> Quando as pessoas me abordam na rua, converso com elas. A minha relação é de contato permanente com o público. Sou o primeiro a perceber os sinais de que algo está errado. Tenho uma resposta imediata das pessoas. Não fico esperando o resultado do grupo de discussão para saber o que estão achando da minha novela. (Fiuza e Ribeiro, 2008)

Vários beijos em relacionamentos homoafetivos foram exibidos recentemente na televisão brasileira, mas geralmente uma rede de afeto é criada em torno das personagens para que os espectadores, por mais preconceituosos que sejam, desejem que eles ou elas sejam felizes. Ricco e Vannucci (2017) escrevem sobre o primeiro beijo gay em uma telenovela brasileira, que aconteceu no último capítulo de *Amor à vida* (2014), de Walcyr Carrasco. Durante a telenovela, sob pressão da audiência, o autor transformou Félix, um personagem que originalmente foi planejado para ser o vilão e foi capaz de jogar sua sobrinha recém-nascida em uma lixeira, em um herói regenerado. Para o autor Lucas Drummond (2015), o humor ácido do personagem e seu sarcasmo, com comentários venenosos e politicamente incorretos, sempre carregados de afetação, fizeram de Félix um dos personagens favoritos do público. Drummond faz uma reflexão de que esse personagem confirma que a caricatura e o humor constituem uma fórmula de sucesso consagrada para representar o homossexual em televisão. Em entrevista para o livro de Drummond, o ator que viveu Félix, Matheus Solano, pondera que a maldade do personagem representava a maldade de todo mundo, e esse aspecto aliado ao humor seriam os grandes responsáveis pelo carisma do personagem. De qualquer forma, Félix e o namorado, Niko, acabaram juntos, felizes, formando uma família e se beijando.

Em entrevista para o livro de Ricco e Vannucci, Walcyr Carrasco afirma que esse foi um passo significativo para as liberdades individuais e os direitos humanos. Nogueira considera que a visão do público sobre a homossexualidade nas telenovelas tem mudado gradualmente (Nogueira e Svartman, 2018). A relação que os espectadores têm com os personagens é a mesma que têm com os filhos, amigos e familiares — pessoas pelas quais têm afeto. Nogueira observa que, nos últimos anos, as mulheres gays começaram a se revelar em grupos focais sem qualquer constrangimento ou atrito com outros participantes. No caso de *Totalmente demais*, novela que escrevi com Paulo Halm, tentamos seguir essa estratégia de afeto com Max, personagem interpretado por Pablo Sanábio. O grupo focal da novela revelou que o público adorava Max e, com essa informação, ampliamos a história dele, criando relações afetivas para o personagem. Felipe Cabral, colaborador e ativista lgbtqiap+, que escreveu as cenas de Max, sugeriu uma sequência que mostrasse como o preconceito poderia fazer esse personagem amado sofrer. A cena do ataque homofóbico contra Max e o namorado foi um gancho de capítulo. A repercussão da cena com a audiência foi positiva, com o engajamento público de atores, organizações não governamentais (ONGs), equipe de redação e equipe de redes sociais da emissora. Na época em que a telenovela foi ao ar, a homofobia não era crime. Somente em 2019, o Supremo Tribunal Federal decidiu que a discriminação contra a orientação sexual era ilegal no Brasil.

Para Fiske (1987), o poder definitivo da mensagem de uma obra está na leitura que o espectador faz dela, e não na ambição ou proposta dos produtores. As relações entre os textos ocorrem em dois níveis — horizontal e vertical. A camada horizontal se dá entre textos primários, como, por exemplo, duas telenovelas diferentes. A relação intertextual vertical consiste na relação de um texto primário com textos secundários que utilizam o primeiro como referência: publicidade, crítica, conteúdo promocional. A relação intertextual vertical também pode se estender a textos terciários. Isso ocorre no nível do espectador e suas relações sociais. Um espectador relaciona o texto televisivo com suas experiências vividas, seus intertextos e a conjuntura histórica e social. Consequentemente, cada leitura é única e cada espectador elabora ativamente essas conexões. Quanto mais subsídios a narrativa oferece para que esse fenômeno ocorra, maior a conexão do público com a obra. A telenovela tem o desafio e a vocação de ser produzida para um público massivo, gerando identificação com tramas, práticas e personagens a fim de trazer reflexão sobre temas cotidianos, além de oferecer informação, entretenimento, fantasia, descompressão e inspiração. Para Hamburger (2011), a telenovela se torna um palco privilegiado para a problematização de interpretações do Brasil por ter a capacidade de fazer crônicas do cotidiano com base em conflitos de gênero, de geração, de classe e de região. Em 2012, dada a repercussão da telenovela *Avenida Brasil*, Maria Immacolata Vassallo de Lopes, coordenadora do Centro de Estudos de Telenovela da Universidade de São Paulo (USP), observou: "A telenovela, no Brasil, mais do que entretenimento, é a narrativa da nação. João Emanuel capturou o espírito que vivemos hoje." (Britto e Bravo, 2012)

Apesar da aproximação e harmonia das telenovelas com a sociedade, é preciso ter um olhar crítico sobre a real representatividade do cotidiano e da sociedade brasileira pelas telenovelas. Em seu documentário *A negação do Brasil* (2000), o cineasta e ativista Joel Zito Araújo demonstra como diversas obras distorcem a realidade e, mesmo em adaptações literárias, os personagens são "embranquecidos". Ele menciona, por exemplo, a novela *Escrava Isaura* (1976), na qual a personagem principal, filha de uma mulher negra e um homem branco, é interpretada por Lucélia Santos, uma atriz branca, deturpando a descrição da personagem na obra original. Em *Segundo sol* (2018), telenovela escrita por João Emanuel Carneiro e dirigida por Dennis Carvalho, foi questionada a escalação de uma maioria de atores brancos para uma novela passada em um dos estados com o maior número de pessoas que se autodeclaram negras e pardas no Brasil. A manchete do *Huffington Post Brasil Online* foi explícita: "*Segundo sol*: A Bahia branca da novela é bem diferente da Bahia real, com 76% de negros." (Terto, 2018) A revista *Veja* mostrou a repercussão antes mesmo de a obra ir ao ar: "A próxima novela das nove da Rede Globo, *Segundo sol*, nem estreou ainda, mas já provocou polêmica nas redes sociais." (*Veja*, 2018) Apesar dessa repercussão, a novela, que tratava de paternidade, orientação sexual e incesto, entre outros temas, teve um público significativo, e o espanto com a escalação da maioria de atores brancos e a repercussão disso na mídia foram sendo diluídos ao longo dos meses de narrativa.

 A questão da representatividade e da diversidade de personagens e enredos torna-se premente nos tempos contemporâneos, em que as lutas identitárias estão cada vez mais presentes.

As telenovelas precisam acompanhar a sociedade e continuar abordando valores, práticas e transformações, ativando os discursos secundários e terciários do público para sobreviver. Portanto, precisam oferecer ao espectador cada vez mais narrativas, tramas, atores que possam criar identificação, diálogo e sintonia com a atualidade, para permanecerem relevantes. Nesse sentido, precisarão absorver a diversidade, representatividade e as demandas das lutas identitárias em suas narrativas.

Características da telenovela

A primeira telenovela brasileira, *Sua vida me pertence*, de Walter Forster, nos dá algumas pistas de quais características e elementos linguísticos permanecem e quais mudaram. A matriz melodramática é a principal semelhança entre a primeira telenovela brasileira e as atuais. As primeiras telenovelas brasileiras seguiram o formato do folhetim, já incorporado pelas radionovelas, com elementos narrativos utilizados até hoje. Elas tinham um núcleo, ou história principal, e os capítulos terminavam sempre em uma cena de grande revelação, emoção, deixada em aberto para que o espectador visse o capítulo seguinte: o gancho. Geralmente, o gancho é uma cena crítica de alto impacto emocional: uma reconciliação, uma punição, uma revelação ou ação devastadora — um acidente, por exemplo — intencionalmente cortado no auge da ação. Segundo Alencar, "o fim da narrativa no momento-chave, que recebe o nome mais apropriado de gancho, é uma arte, a arte de fazer o espectador esperar." (Alencar, 2002) É o gancho que oferece ao espectador a sensação de que a história está avançando. Ganchos também são amplamente utilizados nas séries atuais, fomentando a prática de *binge-watching* em plataformas digitais. A autora Gloria Perez conta que, quando começou a escrever telenovelas, logo argumentou que era necessário trabalhar com as regras do folhetim, o que significava "usar os ganchos que criam a expectativa do próximo capítulo e privilegiar o sensacional sobre a coerência" (Fiuza e Ribeiro, 2008).

Há também os chamados falsos ganchos que não levam a uma transformação significativa na história — quando a sequência da cena no dia seguinte não traz avanço real ou mudança para a trama, embora o autor tente enganar o espectador para fazer parecer que iria. Um exemplo famoso está na novela *Carmem* (1987), de Gloria Perez, escrita para a extinta Rede Manchete, baseada em um conto de Mérimée. No final de um capítulo, a personagem principal disparou seis tiros à queima-roupa contra o marido. A cena terminou no auge da ação. No entanto, no capítulo seguinte, o telespectador percebeu que nenhum tiro havia atingido o marido, seja porque a personagem tinha má pontaria, seja porque ela não queria realmente acertar nele. Como o ato não teve uma consequência direta na narrativa, isso é chamado de falso gancho. O autor Carlos Lombardi, responsável por várias telenovelas, costuma homenagear esse falso gancho de Gloria Perez em suas telenovelas em tom de paródia. Ele repete a cena e os seis tiros nunca atingem o alvo (*Bebê a bordo*, 1989, e *Perigosas peruas*, 1992, ambos para a TV Globo).

É comum o autor precisar usar falsos ganchos no fim de um capítulo, possivelmente porque não conseguiu encontrar uma cena de alta emoção, ação, transformação ou impacto naquele momento da narrativa. Há muitas razões para isso: o capítulo é muito longo e, consequentemente, precisa terminar antes do planejado; é muito cedo para revelar um grande segredo; ou é um capítulo de preparação para uma grande reviravolta na trama. Nesses casos, um clássico falso gancho é usado quando o protagonista tenta contar um segredo, mas chega tarde demais, ou se sente mal e eventualmente desmaia, por exemplo. Falsos ganchos devem ser acompanhados por ação e nunca acontecer apenas no diálogo; primeiro, porque a ação pode ajudar a exacerbar o efeito de um gancho fraco; e, segundo, porque o pleonasmo faz parte da linguagem da novela, como veremos adiante, e para um gancho fraco, vale reforçar o diálogo com a ação.

Um elemento importante da linguagem da telenovela é o pleonasmo ou reiteração, associando ações ao diálogo, reafirmando não apenas o que aconteceu em capítulos anteriores, mas também as ações dos personagens. O público pode estar assistindo ao programa enquanto faz tarefas domésticas, conversando com a família ou usando as redes sociais. Além disso, o espectador possivelmente pode ter perdido alguns capítulos durante a semana, e o objetivo da reiteração é que ele, ainda assim, possa acompanhar a história.

Um outro elemento das radionovelas que permanece é o narrador. Ele pode ajudar a tornar um gancho mais impactante, por meio de um comentário, e serve para fazer uma rápida recapitulação do capítulo anterior, como acontece em diversas séries. A recapitulação é importante porque o público não é necessariamente assíduo. Como um capítulo de novela sempre termina com um gancho, que geralmente também é a primeira cena do capítulo seguinte, o resumo do capítulo anterior — ou mesmo da história como um todo — pode melhorar a experiência do espectador, especialmente para os esporádicos. Além do resumo do capítulo anterior, uma prática intermitente de algumas novelas, e até mesmo de seriados, é exibir algumas cenas do capítulo seguinte logo após o gancho. Pessoalmente, acho que enfraquece o gancho, apesar de dados de audiência mostrarem que o público permanece sintonizado durante essas cenas. De qualquer forma, acredito que cenas como essas pertencem às chamadas da novela durante a programação e não à obra. No entanto, admito que existem exceções. Na novela *Mar do sertão* (2023), de Mario Teixeira, dirigida por Allan Fiterman, os repentistas-narradores se tornaram uma atração à parte, enriquecendo a própria narrativa.

A verossimilhança com o cotidiano a partir dos diálogos, dos enredos, dos temas e, especialmente, com personagens imperfeitos e mais realistas, é uma característica marcante das telenovelas, embora nem sempre tenho estado presente. Como observa Bahia,

> o sucesso e a consolidação da novela como gênero mais popular e lucrativo da televisão esteve voltada para uma mudança de linguagem: substituição gradual do teatral e fantasioso por linguagem realista e temática do cotidiano brasileiro contemporâneo que é sempre atualizado pela cultura da moda. (Bahia, 2014)

Um grande marco dessa transformação é a telenovela da extinta TV Tupi *Beto Rockfeller*, de 1968, concebida por Cassiano Gabus Mendes. Para Carlos Lombardi, "*Beto Rockfeller* nos tirou do século XIX e nos trouxe para o século XX, ou melhor, para o final do XIX. Saiu do romantismo e entrou no realismo e no naturalismo" (Fiuza e Ribeiro, 2008). Foi a primeira novela de sucesso com linguagem coloquial e 80% das cenas foram gravadas ao ar livre, em locais reais próximos à sede da TV Tupi, em São Paulo. Idealizada por Cassiano Gabus Mendes, a telenovela foi escrita por Bráulio Pedroso, formado em teatro e jornalista do jornal *O Estado de S. Paulo*. Na época, as adaptações de autores estrangeiros ainda eram populares. Ricco e Vannucci (2017) revelam que Luis Gustavo, que desempenhou o papel principal masculino, foi autorizado a improvisar e isso ajudou a criar uma impressão naturalista. De acordo com os autores, "gravar uma cena para colocá-la no ar no mesmo dia era algo relativamente comum em *Beto Rockfeller* e que exigia estratégia da equipe, muita confiança do diretor Lima Duarte e a certeza de que a fita chegaria na hora certa". Mesmo que isso soe como um pesadelo para o produtor, esse processo certamente trouxe frescor e atualidade à narrativa. A telenovela conta a história de Alberto, um jovem de classe média vendedor de sapatos que mora com os pais e está deslumbrado com a alta sociedade paulistana. Ele então inventa o pseudônimo Beto Rockfeller e se passa por um primo em terceiro grau do magnata do petróleo dos Estados Unidos.

Ricco e Vannucci (2017) argumentam que ao romper com textos originais hispânicos e buscar elementos e fatos nacionais do nosso cotidiano, Cassiano Gabus Mendes e Bráulio Pedroso apostaram em algo arriscado, mas fundamental para aproximar os espectadores e criar maior identificação com a história. Segundo o diretor Daniel Filho (2001): "De uma coisa, no entanto, tenho certeza: a televisão se identifica intimamente com o lugar e a época em que é feita."

A contemporaneidade de *Beto Rockfeller*, que pode ser traduzida em verossimilhança com a vida cotidiana e na abordagem de questões em sintonia com a sociedade da época, ainda é uma característica de diversas telenovelas atuais — em especial as do horário nobre, que raramente são obras históricas. Segundo Alencar (2002), foi também em *Beto Rockfeller* que a primeira propaganda apareceu em uma telenovela. Como o personagem principal bebia uísque, a propaganda veiculada era a de um remédio para ressaca, o Engov.

Em seu livro de memórias, o magnata da mídia José Bonifácio de Oliveira Sobrinho (2011), o Boni, relata que um dos grandes obstáculos que enfrentou para reformular as telenovelas da TV Globo, tornando-as mais contemporâneas, foi a supremacia da autora cubana Glória Magadan. Ela começou sua carreira na rádio em Havana e mais tarde trabalhou em várias telenovelas latino-americanas, por intermédio do departamento de publicidade da Colgate-Palmolive, empresa que foi uma das principais patrocinadoras das primeiras telenovelas brasileiras. Em 1965, a convite do então diretor-geral da TV Globo, Walter Clark, Glória Magadan foi contratada para dirigir o recém-criado departamento de telenovelas. Ela achava que as telenovelas deveriam evitar a realidade, privilegiando dramas românticos e, em geral, ambientadas em cenários distantes — exatamente o oposto do que Boni queria implementar na TV Globo, influenciado pelo sucesso da telenovela *Beto Rockfeller* em outra emissora. Glória Magadan, no entanto, tinha um contrato assinado com Walter Clark, anterior à entrada de Boni na Globo, que lhe dava poderes perenes para escolher e supervisionar quais seriam as telenovelas produzidas pela emissora. Boni, entretanto, descobriu uma lacuna no contrato, o qual não estipulava o número de capítulos que cada telenovela deveria ter. De acordo com Boni (Sobrinho, 2011), com o apoio do diretor Daniel Filho, ele reduziu os capítulos de todas as telenovelas até que Glória Magadan deixasse a TV Globo, incapaz de contar as histórias do jeito que ela queria. Glória achou que eles teriam de recontratá-la, e ela assim poderia, então, impor novas condições. No entanto, em paralelo, Boni já estava renovando a equipe de autores da emissora com Janete Clair e Dias Gomes e assinando novas telenovelas sem a supervisão de Glória Magadan. Anos após o fato, Boni pondera sobre a contribuição de Glória para o sucesso do formato na emissora: "Sem o trabalho da Glória, teria sido muito mais difícil começar do zero." (Sobrinho, 2011)

Essas mudanças permitiram que a TV Globo abordasse temas brasileiros contemporâneos. As telenovelas de época continuam a ser produzidas e exibidas, especialmente no horário vespertino, mas as do horário nobre tratam de assuntos contemporâneos.

Ao longo das últimas décadas no Brasil, as telenovelas passaram por diversas transformações. Enquanto a primeira teve 15 capítulos exibidos em apenas dois dias da semana, hoje uma novela do horário nobre não terá menos que 150 capítulos, que vão ao ar de segunda a sábado. Isso aumenta o risco das chamadas "barrigas", que são os momentos em que a trama parece não avançar. Uma barriga geralmente acontece quando a preparação para uma virada na trama se prolonga demais, o que pode ser evitado durante o período de preparação e sinopse. As telenovelas contemporâneas contam com mais de um núcleo narrativo — histórias secundárias e diversas tramas paralelas. A alternância dessas tramas no ar pode ajudar a evitar as barrigas, mas o que costuma segurar a audiência é a trama principal.

O espectador é cada vez menos paciente, portanto, as cenas são mais curtas, embora os capítulos possam ter até uma hora de duração. Essa impaciência do espectador alterou a dinâmica da telenovela. Carlos Lombardi, em entrevista, comenta que "o capítulo mudou de tamanho, por dois motivos: primeiro, porque dura mais tempo no ar; segundo, porque o ritmo narrativo mudou. Se você assistir novelas antigas, vai falar: 'Meu Deus, que coisa lenta! Era assim mesmo?'" (Fiuza e Ribeiro, 2008).

A maior duração da telenovela, aliada às cenas mais curtas, acarretou o aumento das tramas paralelas, ou núcleos. Segundo Flávio de Campos, o "núcleo é o conjunto de personagens com traço ou circunstância comum" (Campos, 2007). Como uma telenovela é um trabalho de longa duração, escrito e produzido enquanto é exibido, torna-se necessário aumentar a produtividade. Afinal, se seis capítulos de uma hora são exibidos por semana, seis capítulos de uma hora precisam ser produzidos por semana. A estratégia é ter várias frentes de gravação diárias, com diferentes atores e cenários. Para que isso seja viável, diferentes histórias devem acontecer em cenários específicos, com atores distintos, dentro das possibilidades. Com um roteiro que alterne cenas de estúdio com cenas externas e cenas na cidade cenográfica, é concebível planejar filmagens em várias frentes. O material gravado vai diariamente para a pós-produção já pré-editado durante as gravações. Apesar dos diversos núcleos e das histórias secundárias, o autor não pode perder o foco da história principal, que é a responsável pela maioria dos ganchos, se não todos.

Mirian de Icaza Sánchez trabalhou por 26 anos no Centro de Qualidade da TV Globo, analisando pesquisas e produtos até 2016. Sánchez considera que a trama principal de uma telenovela deve ser simples o suficiente para o espectador saber como contar (Sánchez e Svartman, 2018). Daniel Filho observa que não há regra para o sucesso de uma telenovela, mas alguns aspectos são fundamentais. "Temos que ser simples na maneira de apresentar uma história: ela deve ser muito clara e ter poucos personagens centrais." (Filho, 2001) Ele cita como exemplo *Rainha da sucata* (1990), a primeira novela escrita por Silvio de Abreu para o horário nobre, na qual Daniel Filho foi ator e supervisor artístico. Com um excesso de personagens e uma divisão pouco clara entre os gêneros de drama e comédia, a telenovela só atingiu o público desejado depois que a trama principal foi mais bem definida. Silvio de Abreu também avalia que a audiência aumentou quando ficou claro quais eram os núcleos de humor e o de drama (Fiuza e Ribeiro, 2008).

Outro elemento vital das telenovelas atuais, resultado do crescimento dos núcleos da trama, é a *repercussão*. Quando uma reviravolta significativa ocorre, ela precisa ressoar nos núcleos da telenovela. Portanto, se um segredo for revelado, é necessário construir cenas paralelas em que o espectador possa acompanhar a repercussão dessa revelação. O público espera ver a reação de diferentes personagens ao mesmo acontecimento. A importância desse elemento vem do fato de os diversos núcleos muitas vezes serem direcionados a diferentes parcelas do público.

O espectador quer ver a reação do personagem com quem ela ou ele se identifica mais, como explica o professor Flávio de Campos: "Filmes e telenovelas muitas vezes estabelecem conexões por empatia e identificação com os espectadores. No entanto, como a telenovela fala com espectadores muito diferentes, mais do que um filme, o escritor tem que criar diferentes núcleos de personagens através dos quais diferentes espectadores podem sentir empatia ou identificação." (Campos, 2007)

O flashback, embora seja um elemento presente no cinema e na radionovela, é essencial para a telenovela. O flashback tem a função de fazer o espectador se lembrar de um momento crucial da trama. A primeira noite que o casal romântico dormiu junto, por exemplo, é uma cena que o diretor filma tendo em mente que será exibida mais de uma vez. As telenovelas muitas vezes têm *objetos sagrados*, são aqueles que se referem a momentos essenciais da trama, dos relacionamentos ou sentimentos. Por exemplo, se o mocinho deu um colar à heroína, ele se torna um objeto sagrado. Objetos sagrados podem desencadear flashbacks. Então, quando a jovem toca seu colar, a memória da primeira noite juntos surge através de um flashback. Muitos autores também usam flashbacks *falsos*. Um flashback falso é uma cena que não apareceu anteriormente, embora tenha a mesma estética que o diretor escolheu para as cenas de flashback.

Atualmente, há outras mudanças acontecendo na telenovela, especialmente pela influência recente das séries de tv, cuja produção cresceu significativamente no exterior e no Brasil nos últimos anos. A Agência Brasileira de Audiovisual (Ancine) divulgou que 3.639 séries foram produzidas no Brasil entre 2009 e 2017. De acordo com Martin (2014), no livro *Homens difíceis*, que narra o processo criativo de séries de TV estadunidenses, as produções da atualidade possuem histórias mais complexas e são séries de arco longo com personagens multifacetados. Para o autor, *The Sopranos*, de 1999, marcou o início de uma nova era de ouro das séries que, supostamente, dura até hoje. Mittel (2015) também observa como as séries estadunidenses contemporâneas absorveram técnicas de melodrama e arcos narrativos mais extensos e dramáticos. Para ele, essa transformação não é necessariamente uma influência direta das *soap operas* americanas. Segundo o autor, outras obras em série de diferentes mídias, como histórias em quadrinhos, franquias de cinema e literatura do século XIX, também influenciaram as séries em geral, e todas elas têm conexões com o melodrama.

O gosto por seriados pode ser observado no trabalho de autores brasileiros de telenovelas. João Emanuel Carneiro, em 2015, por exemplo, deu um título a cada capítulo de sua obra, a novela *A regra do jogo*. Este é um formato associado a séries de tv, especialmente as procedurais, ou seja, histórias que se fecham a cada episódio. Essa influência também está presente nas telenovelas que escrevi. Percebi a importância de se resolver as tramas, geralmente secundárias, no mesmo dia, um artifício que tem o propósito de tornar o capítulo mais interessante para aqueles que não acompanham diariamente a trama. Essa estratégia faz com que o capítulo seja emocionante mesmo para um espectador esporádico.

A telenovela sofreu diversas influências e transformações desde 1951. No entanto, a resiliência do formato deve-se justamente a essas mudanças que mantêm audiências de massa até hoje e que, por sua vez, tornam o produto comercialmente viável. Mudanças essas que estão relacionadas à evolução do espectador, à dimensão subjetiva da sociedade brasileira e, consequentemente, ao público que interpreta, aprova ou rejeita as histórias das telenovelas. Enquanto houver esse diálogo com o espectador, ela permanecerá viável, seja na televisão, seja deslizando para outros meios de comunicação e telas, como será discutido mais adiante neste livro.

No próximo capítulo, vamos analisar como uma telenovela é desenvolvida, desde a primeira ideia até a estruturação e produção dos capítulos. Até o momento, o processo de construção e produção de roteiros são a base da cadeia de poder desse produto.

O processo de construção de uma telenovela

Com ritmo de produção industrial e interesses comerciais, a telenovela é uma obra híbrida em que a narrativa e a criação desempenham papel fundamental, e, ainda que seja um produto comercial, possui características autorais. O fato de ser uma obra aberta que tem como uma de suas particularidades o diálogo com o público, que é seu maior agente transformador, como foi observado no capítulo anterior, faz com que a equipe, o elenco e a produção trabalhem com uma frente de capítulos limitada. O autor precisa ter noção da repercussão da novela por meio de pesquisas, redes sociais e mesmo assistindo à própria novela para ter a percepção como espectador. Se, por um lado, o autor de telenovelas tem menos tempo para escrever o roteiro, por outro, não existe um tempo pré-estipulado no cronograma de produção que dê margem a ele ser questionado — a menos que a audiência caia ou surjam problemas de outra ordem, como imprevistos com atores, dificuldades de produção ou questionamentos sobre a classificação indicativa. Dessa forma, todos dependem do ritmo do autor.

Durante a pandemia, as telenovelas foram produzidas com uma frente maior de capítulos para garantir que não teriam de sair do ar caso as gravações fossem paralisadas, como aconteceu com *Amor de mãe*, de Manuela Dias, e *Salve-se quem puder*, de Daniel Ortiz. Essas duas telenovelas saíram do ar em 2020 e só voltaram a ser exibidas, meses depois, em 2021. Para as produções que vieram em seguida, uma frente maior de capítulos escritos permitiu uma melhor organização do plano de gravação de acordo com os protocolos de segurança. Mauro Wilson (Svartman e Wilson, 2021) é autor da telenovela *Quanto mais vida, melhor!*, da TV Globo, com estreia em novembro de 2021. Quando a telenovela foi ao ar, Wilson já tinha escrito todos os capítulos da narrativa. O diretor da telenovela, Allan Fiterman, também já tinha gravado a totalidade dos capítulos. Mauro Wilson explica que "quando a novela começou não tinha mais o elenco nem os cenários. Mais nada podia ser feito ou modificado no enredo nem no destino dos personagens". A experiência do autor em séries fechadas e o acompanhamento da produção, ao lado do diretor, construiu, de acordo com Wilson, uma estratégia possível para se trabalhar em uma telenovela nesse formato. A novela foi reescrita durante as gravações, de acordo com a sensibilidade e percepção dos criadores diante das cenas já realizadas.

A telenovela *Cara & coragem*, de Claudia Souto (Svartman e Souto, 2021), tinha previsão de estreia em janeiro, mas em função da pandemia só estreou em maio de 2022. Claudia Souto já tinha escrito 114 dos 197 capítulos quando a novela foi ao ar. "Ou seja, quando a novela estrear, vou estar encaminhando a trama para o final", observou a autora na época. Para Souto, a telenovela fechada de antemão perde o frescor da trama, que sempre se ajusta a partir do diálogo com o público e na parceria com os atores e a direção.

Apesar de existir uma tendência a um maior número de capítulos prontos para facilitar o roteiro de gravação e diminuir custos de produção, antes e depois da pandemia, acredito que as telenovelas produzidas para a primeira janela na televisão linear não deixarão de ser obras abertas, pelo próprio modelo de negócio. A publicidade apoiada nos índices de audiência ainda é responsável por financiar as telenovelas e, em uma obra de longa duração, a pesquisa tem papel fundamental, somada à sensibilidade do autor em perceber, em consonância com a direção da telenovela e executivos da empresa, o que pode não estar funcionando e influenciando os índices da audiência.

Ao descrever uma telenovela, os termos *qualidade* e *sucesso de audiência* serão considerados sinônimos neste livro. Uma vez que uma telenovela faz parte da televisão comercial, qualidade se traduz em significativo sucesso de audiência. O Painel Nacional de Televisão (pnt), do grupo Kantar Ibope Media, mede amostras de audiência nas 15 principais cidades do Brasil, oferecendo, assim, uma descrição do mercado brasileiro de consumo de televisão. As informações servem como um ponteiro para o planejamento de uma grade de programação. Apesar da presença de críticos especializados em televisão e telenovela brasileiras, bem como teóricos que pressionam por maior complexidade, sofisticação e inovação em determinados trabalhos, em última análise, é o público que mantém uma telenovela no ar e, portanto, serve de bússola para esta pesquisa. Não há uma fórmula precisa para o sucesso de uma telenovela, mas há claramente um processo de construção dessa narrativa, como veremos a seguir.

Embora exista uma rica base teórica sobre o processo de construção e produção de um roteiro, quando se trata de séries de cinema e televisão, poucos autores se dedicam ao processo de desenvolvimento de roteiros e produção de telenovelas. Entre eles estão Campos (2007) e Comparato (1996), que, ao escreverem sobre a elaboração de roteiros para o audiovisual, incluem características específicas da telenovela. Poucos autores de telenovela compartilham suas experiências práticas ou as ferramentas que usam na escrita do drama diário. Assim, este capítulo se propõe adotar uma abordagem empírica.

A busca por temas como ponto de partida para a construção narrativa da telenovela

"Antes de mais nada, uma novela precisa ser uma grande história de amor. Se não tiver isso, nem homem gosta" (Fiuza e Ribeiro, 2008), já dizia o autor Benedito Ruy Barbosa. Mauro Alencar corrobora: "Da comédia ao drama, o enfoque pode ser histórico ou social. Mas não pode faltar uma boa história de amor." (Alencar, 2002) No entanto, a história de amor pode não ser o ponto de partida para a escrita.

Doc Comparato (1996) lista seis diferentes campos dos quais as ideias para uma história podem surgir: a ideia selecionada — que vem da memória; a ideia verbalizada — que nos é contada por alguém; a ideia lida — que se origina em um jornal, revista ou folheto; a ideia transformada — que nasce de outra obra de ficção, um filme, por exemplo; a ideia proposta — encomendada a um autor; e a ideia procurada — através de pesquisa ou estudo. Três desses campos são mais significativos no início do processo de elaboração de uma história para uma telenovela. O primeiro é o da ideia selecionada a partir da memória. Um personagem intrigante que motiva o autor a escrever pode estar associado à sua vida pessoal.

O autor Benedito Ruy Barbosa nos fala sobre essa questão: "Grande parte das histórias, evidentemente, vem da imaginação. Mas o fundamental vem das experiências em vida. São personagens com os quais cruzei em meus caminhos." (Fiuza e Ribeiro, 2008) O autor observa que a primeira parte de sua telenovela *O rei do gado* (1996) foi baseada em histórias da própria infância. Memória e repertório cultural podem surgir na narrativa sem que o autor tenha consciência disso. Os autores têm liberdade para escrever sobre quaisquer personagens, porém, eles acabam por se fundir com as histórias pessoais de quem escreve.

O segundo campo destacado é o da ideia lida. Assuntos que tenham grande repercussão na imprensa ou nas redes sociais podem inspirar uma trama ou um universo sedutor em torno de um personagem. Muitos autores têm uma pequena coleção de recortes ou arquivos digitais de notícias que lhes chamaram a atenção. Aguinaldo Silva, em Fiuza e Ribeiro (2008), por exemplo, conta que o caso do desaparecimento do menino Carlinhos, em 1973, o inspirou a escrever *Senhora do destino* (2004). Alcides Nogueira, também em Fiuza e Ribeiro (2008), relata que se abastece de tudo ao redor para compor a trama: livros, filmes, peças de teatro, gibis, conversas na sala de espera de um dentista ou no cabeleireiro. Em uma telenovela de época, a pesquisa traz informações que servem ao mesmo propósito, como em *Novo mundo* (2017), escrita por Thereza Falcão e Alessandro Marson. Para Doc Comparato (1996), quando a pesquisa está envolvida, um novo campo relevante de ideias entra em jogo, a ideia procurada.

Finalmente, o terceiro campo de estímulo para uma telenovela seria a ideia transformada, ou seja, os autores podem se inspirar nos clássicos e em obras contemporâneas de ficção. Em Fiuza e Ribeiro (2008), Gilberto Braga revela que a inspiração para *Água viva* (1980) veio de *Annie*, um musical norte-americano. *O Conde de Monte Cristo*, de Alexandre Dumas, inspirou muitas telenovelas, sendo a mais recente *O outro lado do paraíso* (2018), de Walcyr Carrasco. Na novela *Malhação — Sonhos* (2015), que assinei com Paulo Halm, a história principal foi inspirada em *A megera domada*, de William Shakespeare, que transportamos para o universo das artes marciais e das artes dramáticas. *A megera domada* também inspirou a telenovela *O cravo e a rosa* (2001), de Walcyr Carrasco.

Esses três campos de ideias não são separados, eles funcionam juntos. Em *Totalmente demais*, por exemplo, o ponto de partida foi uma personagem que mora em uma pequena cidade do interior do estado do Rio de Janeiro e, para fugir do padrasto pedófilo e da mãe negligente, vai para a capital. Seu principal desafio é sobreviver e, assim, se reinventar. Tínhamos interesse por temas como violência doméstica, assédio, pedofilia e estávamos reunindo histórias e relatos havia algum tempo. Escrever sobre uma sobrevivente de um caso assim foi, portanto, instigante. O primeiro interesse romântico da personagem foi por um jovem que ela conhece nas ruas e a ajuda a lidar com os vários infortúnios de sua nova realidade. Só mais tarde inserimos na história o mito grego Pigmalião — o criador que se apaixona por sua criatura. Tomamos a decisão de inserir a personagem no mundo da moda, pois assim fazia sentido que um agente de modelos pudesse se ver descobrindo um novo talento promissor e "esculpindo" esse talento até transformar a jovem em uma topmodel. O triângulo romântico era composto por Jonatas, que se autodenomina "empresário das ruas", que vende doces no sinal; Eliza, a sobrevivente; e Arthur, um agente de elenco rico em busca de um novo rosto.

Além de Pigmalião, o romance epistolar do século XVIII *As relações perigosas*, de Choderlos de Laclos, também serviu de inspiração para a relação do agente, Arthur, com a amante,

Carolina, editora-chefe de uma revista feminina. Ela se torna a antagonista de Eliza, nossa heroína fugitiva. No entanto, o antagonista mais importante de Eliza foi seu padrasto pedófilo e o medo paralisante que sentia dele.

Uma vez que o tema — ou os temas — tenha sido escolhido e, com base nisso, a premissa da telenovela seja aprovada, o processo de pesquisa começa. Para escrever uma pré-sinopse, ou seja, uma trajetória resumida da história principal sem abordar núcleos secundários, o autor pode levantar dados e fazer a pesquisa sozinho. Contudo, para a sinopse final — com núcleos secundários, resumo dos personagens, cenários — um pesquisador é essencial. Um bom pesquisador traz dados sobre temas e universos que permeiam a telenovela, confirma informações que envolvem conhecimentos específicos, como os de aspectos jurídicos ou relacionados à medicina, além de apresentar ao autor personagens reais que se assemelham em trajetória ou fazem parte do universo dos temas abordados. Poucas pessoas escrevem uma telenovela, mas milhões estarão atentos assistindo e qualquer erro em uma informação jurídica ou médica, por exemplo, pode gerar uma repercussão negativa.

Os autores, antes do início da produção, quando possível, buscam visitar lugares que serão retratados na trama e falar com as pessoas daquele universo, trazendo para a narrativa elementos como jargões, experiências pessoais e ideias para figurinos e cenários. É essencial estar atento à fala e à retórica de personagens reais, além de observar as diferenças entre as faixas etárias. Procuro pedir também aos colaboradores que visitem os mesmos lugares que os personagens fictícios e façam listas de tudo o que consideram interessante. Durante a elaboração de uma telenovela, enquanto autora, costumo cobrir as paredes da sala de roteiristas com amostras de diálogos, fotografias, termos específicos e fotos dos locais visitados. Quando a equipe começa a escrever, a carga de trabalho é exaustiva e não existe tempo para pesquisas mais aprofundadas. Durante a telenovela, o pesquisador é a janela que o autor tem com o mundo, ele pode trazer relatos e histórias que provocam subtramas ou até mesmo obstáculos para a história principal, alimentando o autor com informações para sustentar mais de uma centena de capítulos.

A construção e a complexidade de personagens em uma telenovela

Martín-Barbero define como eixo central do melodrama quatro sentimentos básicos: medo, entusiasmo, dor e riso. Para ele, supostamente, esses sentimentos correspondem a quatro tipos de sensações personificadas pelos personagens: o Traidor, o Justiceiro, a Vítima e o Bobo, que, ao se juntarem, realizam a mistura de quatro gêneros: romance, epopeia, tragédia e comédia. "Essa estrutura nos revela no melodrama uma tal pretensão de intensidade que só se pode alcançar à custa da complexidade." (Martín-Barbero, 1997) É possível reconhecer em uma telenovela uma equivalência aos personagens do melodrama nos núcleos ligados ao vilão (o Traidor), ao herói (o Justiceiro), à mocinha (a Vítima) e ao núcleo cômico (o Bobo). Mesmo que essa seja a matriz, quando se concebe uma telenovela, é preciso criar personagens com mais camadas para sustentar uma boa história. Uma das maneiras seria, como já foi observado, acompanhar as transformações da sociedade e do público e incorporar isso na trama.

Os autores utilizam várias estratégias para construir e compor os personagens. Para muitos, o processo de criação de um personagem se assemelha muito ao de elaboração da telenovela no campo das ideias, ou seja, são influenciados pelos clássicos ou obras com as quais se identificaram, pelo repertório pessoal e/ou pelo que leem em jornais e revistas, incluindo a contribuição da pesquisa. Aguinaldo Silva, por exemplo, conta no livro *Autores* que Maria do Carmo, personagem de *Senhora do destino*, na idade madura, era exatamente como a mãe dele: "Suas frases, seus ditos, aquela coisa de estar sempre varada de fome, de ser uma matriarca e uma mulher autoritária." (Fiuza e Ribeiro, 2008) Na mesma telenovela, sua famosa vilã, Nazaré Tedesco, foi inspirada no desenho animado estadunidense *Tom & Jerry*, onde tudo o que Tom faz se volta contra ele. "Nazaré era má, mas fazia tudo errado. Por isso que ela ficou engraçada."

Benedito Ruy Barbosa revela que as conversas que teve com moradores locais durante a pesquisa para *O pantanal* (1990) o inspiraram a criar os personagens: "De repente, isso volta à memória e você começa a criar. Os personagens nascem assim, desses contatos. Muita coisa da vida real. Ou irreal, sei lá." Ainda em Fiuza e Ribeiro (2008), Giberto Braga revela que foi o personagem do crítico de teatro interpretado por George Sanders no filme *All About Eve* (1950) que o inspirou a criar o papel de Renato Mendes para a telenovela *Celebridade* (2004). Para Silva, que analisou a obra do autor, a premissa de *A malvada*, uma candidata a atriz que se apresenta como uma moça modesta a fim de conquistar a confiança da grande estrela do teatro para depois tomar-lhe o lugar, está presente na trama principal da novela. "Assim, na apropriação de *A malvada* feita por Gilberto Braga, a dama dos palcos interpretada por Bette Davis transforma-se na modelo e empresária musical de sucesso Maria Clara Diniz (Malu Mader)." (Silva, 2010) Para Silva, a personagem de Laura Prudente da Costa, interpretada por Cláudia Abreu, tem um perfil ainda mais próximo do de sua matriz cinematográfica. O pesquisador pondera que a vilã de *A malvada* também foi uma das fontes de inspiração para Gilberto Braga criar Maria de Fátima, em *Vale tudo*.

Autores, no entanto, perdem o controle absoluto das personagens após o início das gravações pelo diretor e a definição dos atores e atrizes. Portanto, é preciso ter uma boa relação de troca entre atores, roteiristas e diretores — que fazem a ponte entre o texto e o elenco na gravação de uma novela. Aguinaldo Silva, em Fiuza et al. (2008), por exemplo, comenta que a atriz

Renata Sorrah contribuiu muito para que a personagem Nazaré Tedesco se tornasse o sucesso que foi. O inverso, porém, também pode acontecer. Em uma narrativa aberta, a interpretação dos atores pode inspirar o autor a aumentar a trama de um personagem, por exemplo, ou, ao contrário, reduzir sua participação na obra.

Walcyr Carrasco (Vicentini, 2018) revelou, em um painel na Bienal Internacional do Livro de São Paulo de 2018, que se vingou de uma atriz que estava modificando sua personagem com um excesso de cacos e improvisos. Ele incluiu no roteiro um problema na garganta da personagem para que ela ficasse duas semanas sem falar. A atriz punida por Walcyr Carrasco foi Elizabeth Savalla, em *Chocolate com pimenta* (2003), que interpretava a vilã Jezebel. Muitos autores enfrentam problemas semelhantes com atores que não aceitam o destino de seus personagens, apesar da mediação do diretor. Por um lado, o ator está no ar, e é difícil retirá-lo da trama de um momento para outro, especialmente se o público gosta dele; por outro lado, a telenovela é um trabalho de longa duração em que tudo pode acontecer: acidentes, viagens, catástrofes. Um excelente exemplo disso foi o terremoto causado por um vulcão em *Anastacia, a mulher sem destino* (1967). Graças a Janete Clair, centenas de personagens morreram em um único capítulo, possibilitando que a autora alterasse uma história problemática — que tinha sido escrita inicialmente por outro autor, Emiliano Queiroz — e aumentasse os números da audiência.

Eneida Nogueira, diretora de pesquisa da TV Globo até 2017, reconhece que ao longo dos anos os telespectadores esperam cada vez mais protagonistas complexos, com ambições elevadas e uma necessidade de realização pessoal além da romântica. Em *Totalmente demais*, por exemplo, a motivação de Eliza era ajudar a família a escapar do padrasto violento e pedófilo, e por isso ela precisava ganhar dinheiro. Então, ela entra em um concurso de modelos. Ao longo da trama, porém, a heroína descobre que a mãe sempre soube que o padrasto da filha era um abusador criminoso e nunca pensou em deixá-lo. Além disso, Eliza também passa a gostar de trabalhar como modelo e a motivação dela se transforma. Ela decide seguir essa carreira e a realização profissional se torna seu novo objetivo. Um bom protagonista deve ter um objetivo claro ou uma motivação — mesmo que ele mude ao longo do tempo —, credibilidade para alcançar seu objetivo e empatia com o espectador. A empatia de um personagem tem uma relação direta com os obstáculos colocados pelo autor em sua trajetória.

John Truby (2008) sugere trazer fantasmas para todos os personagens. O fantasma pode ser um parente falecido, por exemplo. Em *Totalmente demais*, Sofia, filha de Lili, morreu em um grave acidente de carro, e por causa disso Lili ficou extremamente deprimida e o casamento e a vida profissional dela foram severamente abalados. Quando a telenovela foi estendida por duas semanas pelos executivos da TV Globo, decidimos trazer a personagem da filha de volta à vida, inventando uma explicação com flashbacks falsos para mostrar como ela escapou da morte. Além disso, já imaginando que poderia ser necessário trazer Sofia de volta à vida, tínhamos deixado pistas de que o corpo estava irreconhecível após um acidente de carro. A filha perfeita há muito perdida voltou como uma sociopata em uma narrativa bastante melodramática. Naquela semana, a telenovela teve algumas de suas maiores audiências. Em 2016, cada ponto de audiência era equivalente a 240.886 domicílios, ou 684.202 pessoas, considerando os 15 principais mercados do país. A média da semana foi de 35 pontos, ou uma audiência de aproximadamente 24 milhões de pessoas por dia. Aprendi que ter um fantasma para voltar à vida pode ajudar quando se tem de estender uma telenovela em cima da hora. Não precisa ser literalmente alguém que morreu, pode ser um personagem que fugiu da cidade no passado, por exemplo, deixando uma marca nos que ficaram, e por algum motivo volta, proporcionando uma reviravolta na trama.

O "fantasma" da personagem também pode ser um grande trauma do passado. No filme *Thelma & Louise* (1991), um exemplo usado por Field (1995) para ilustrar a necessidade de elaborar a história pregressa de uma personagem, o "fantasma" de Louise é que ela foi estuprada no passado. É esse fato que justifica sua reação violenta quando ela percebe que a mesma coisa vai acontecer com a amiga, na mesma cidade. Na temporada de 2015 de *Malhação — Sonhos*, o fato de a mãe da personagem Karina ter morrido no parto produz um fantasma para a personagem, que erroneamente acredita que o pai a rejeita por causa disso e ama apenas sua irmã mais velha. Uma ferramenta narrativa importante é escolher o que o espectador sabe antes da personagem; o que a personagem sabe antes do espectador; e o que a personagem e o espectador descobrirão juntos. O público, por um lado, sabia que Karina se culpava pela morte da mãe e, portanto, compreendia algumas de suas atitudes e reações agressivas. A empatia pela personagem, portanto, também se apoiava nessa compreensão do público. Por outro lado, a ignorância do pai quanto ao trauma de Karina o impedia de perceber por que a filha caçula tinha tanto ciúme da irmã ou por que ela queria ser uma lutadora de artes marciais para impressioná-lo.

Há uma regra simples para criar personagens secundários ou mesmo antagonistas: eles devem exacerbar as características mais essenciais do protagonista, especialmente por meio das diferenças. Por exemplo, se o protagonista é um jovem rebelde, ele terá parentes conservadores; se o protagonista é conservador, ele pode se apaixonar por alguém que tenha ideias libertárias. Personagens secundários devem compelir o protagonista a agir e assim questionar ou reafirmar continuamente suas convicções ao longo da trama e, especialmente, gerar conflitos — essa é a força motriz por trás de uma narrativa de longa duração comercial. Para o roteirista e pesquisador Flávio de Campos (2007), um personagem como esse pode ser chamado de personagem-*avesso*, uma vez que ele destaca, por oposição, as características do herói. Campos (2007) também assinala o personagem-escada. O personagem-escada é aquele que instiga a ação do personagem a que está ligado e o personagem-orelha é aquele que empresta a atenção (a sua orelha) ao personagem a que está relacionado. No entanto, defende-se aqui que o antagonista, personagem secundário ou coadjuvante ideal é aquele que junta essas três dimensões, tendo como premissa que a mais importante delas é a do personagem-avesso. Até mesmo no caso de dois ou mais protagonistas, eles podem ser o personagem-avesso um do outro, utilizando-se a nomenclatura proposta por Campos (2007).

Na telenovela *Vai na fé*, de minha autoria, por exemplo, o ético e idealista Benjamin é o personagem-avesso do antagonista Theo, arrogante e invejoso. Um personagem sempre obriga o outro a reafirmar, por meio de atitudes, o que acredita. Benjamin também é o personagem-avesso da outra ponta do triângulo amoroso mantido com Solange, Lui Lorenzo, um homem vaidoso e imaturo. Nessa mesma novela, no núcleo jovem, a estudante de direito Jenifer, ética, religiosa e responsável, tem como melhor amiga Kate, de moral duvidosa, irresponsável e impulsiva. Em *Vai na fé*, a advogada pragmática e controladora Lumiar tem pais hippies que levam uma vida alternativa. Já Solange, que sonha em dançar no palco como dançarina do hedonista Lui Lorenzo, tem um marido ciumento, Carlão. Esses são apenas alguns exemplos de como personagens-avessos foram importantes na construção dessa trama.

Em *Bom sucesso*, iniciei a sinopse com a história de Paloma, uma costureira humilde, mãe solteira de três filhos e que leva uma vida dura, mas consegue ser feliz, até descobrir que vai morrer de uma doença misteriosa. Ela então se arrepende de todas as coisas que não pôde fazer na vida. O personagem seguinte que escrevi na sinopse foi o inverso dela. Rico, Alberto é mais velho que Paloma e fez tudo o que desejava na vida. Ele pensou que ia morrer de uma doença misteriosa, mas de repente descobre que viverá. Logo se entende que os testes deles foram trocados de maneira acidental. Quando Paloma descobre que não vai morrer, imediatamente quer encontrar o homem que "vai morrer em seu lugar". Alberto e Paloma se encontram e aprendem não só sobre as diferenças de ambos mas também sobre o que têm em comum: o amor pela literatura.

Um personagem secundário também pode ajudar a revelar características do protagonista, atuando como um espelho. Portanto, acrescento a dimensão personagem-espelho, e podemos usar Alice, da mesma telenovela, como exemplo. Alice é filha da costureira Paloma e, como a mãe na juventude, quer ir cursar uma universidade. No entanto, também como a mãe, Alice engravida ainda na adolescência. Ver a filha passar pelas mesmas situações que ela passou faz Paloma agir e se revelar como personagem.

Em uma telenovela, o protagonista não é estático e se transformará ao longo da trama. Quanto mais personagens-

-avessos houver na trama principal, mais fluido esse processo se tornará, uma vez que o protagonista será estimulado a reafirmar seus objetivos e personalidade e, dessa forma, descobrir que reage de maneira diferente a uma provocação, por exemplo. Em *Totalmente demais*, Eliza, interpretada por Marina Ruy Barbosa, começa como uma personagem imatura, impulsiva e assustada que foge do padrasto pedófilo e violento após atacá-lo com uma garrafa quebrada. Ela rouba dinheiro da caixa registradora, corre para a autoestrada, pega carona em um caminhão e acaba na capital vendendo flores nas ruas. No final, ela é uma top model racional, segura e bem-sucedida. As mudanças de atitude de Eliza são percebidas principalmente quando ela está diante de personagens-avessos. Ela responde às provocações de Carolina Castilho, por exemplo, uma mulher madura, esperta e por vezes maliciosa, de maneiras diferentes ao longo da trama, o que mostra claramente como mudou.

Todos os personagens principais devem passar por transformações. O "criador" de Eliza, o agente de elenco Arthur, um personagem egoísta e hedonista, aprende sobre amor e generosidade ao longo da trama. Ao contrário do que ocorre em uma série ou um filme, o autor de uma telenovela não precisa saber inicialmente como um personagem irá terminar. Uma telenovela é uma obra aberta, um trabalho que é escrito enquanto é produzido e exibido.

A elaboração de uma sinopse e a importância das reviravoltas no planejamento de obras de longa duração

Um documento que descreve o universo em que a história está inserida, o tom, os enredos, os cenários, as personagens, o desenvolvimento da temporada, as referências narrativas e visuais e, muitas vezes, o roteiro-piloto, além da descrição de possíveis futuras temporadas, é a bíblia para o autor de séries. No entanto, essa bíblia detalhada é semelhante à sinopse de uma telenovela. A bíblia de uma temporada de uma série tem um final esperado, enquanto em uma telenovela múltiplos fatores podem influenciar a conclusão da história. Portanto, o fim da trama de uma telenovela não é revelado na sinopse — em parte para manter o sigilo, em parte porque é característica da narrativa estar aberta à transformação. Oguri, Chauvel e Suarez (2009) observam que o respeito à sinopse parece se justificar pela importância de conservar um núcleo comum sobre o qual todas as áreas da empresa — comercial, pesquisa, criação, técnicos e atores — podem desenvolver suas performances. No entanto, por ser uma obra aberta, a telenovela tem necessariamente um grau de improvisação inerente ao produto.

A rejeição ou a aprovação do público, corroboradas por pesquisas qualitativas (grupos de discussão) ou índices de audiência, pode mudar o rumo da história de uma telenovela. Entretanto, outro fator que pode influenciar a trama é a *química* entre os atores. Daniel Filho define essa química entre os atores assim:

"Quando dois artistas em cena provocam muita emoção, gerando grande força pelo mero fato de aparecerem juntos, dizemos que há entre eles a química certa." (Filho, 2001) Além disso, as mudanças que ocorrem na sociedade, durante os meses de uma telenovela no ar, podem alterar a história. Por exemplo, Manuela Dias, autora da telenovela *Amor de mãe*, incorporou a pandemia na narrativa quando a telenovela voltou ao ar em 2021. Por fim, imprevistos de produção causados por mudanças climáticas, problemas de saúde de pessoas do elenco e outros fatores podem fazer com que sejam necessários ajustes. Durante *Belíssima* (2006), por exemplo, escrita por Silvio de Abreu, Glória Pires, que interpretava Júlia Falcão, teve hepatite e tirou licença médica por três semanas. O autor então inventou que a personagem, traumatizada pela morte da avó, tinha sido internada em uma clínica psiquiátrica. Enquanto o par romântico de Júlia procurava por ela, o autor escreveu mais cenas para a trama secundária.

A sinopse de uma telenovela circula entre executivos que podem ou não aprovar a sua produção. Esse texto é lido por executivos que autorizam, ou não, a elaboração da trama; portanto, é importante que fique claro, desde o início, o potencial de diálogo da narrativa com o público. Uma sinopse pode começar com a premissa resumida e os temas que serão retratados. A introdução da sinopse da novela *O clone* (2001), de Gloria Perez, sucesso de audiência no Brasil e vendida para mais de 130 países, fez uma síntese dos temas que seriam abordados antes de entrar na história:

O grande cenário de nossa novela é o século XXI, o novo milênio. Costuma-se dizer que o século XX foi o século da ciência e da tecnologia. Essas áreas se desenvolveram tanto e tão rapidamente, que a humanidade acalentou fantasias a respeito de que, no ano 2000, a ciência e a tecnologia seriam capazes de resolver todos os problemas e afastar os fantasmas que atormentam o homem desde seu aparecimento sobre a terra: as necessidades materiais, a doença, a velhice, a morte. Havia uma grande expectativa em torno dessa data, como se ela fosse o marco de uma nova era para a humanidade. Mas como todo otimismo tem o seu avesso, a chegada do ano 2000 atemorizou muita gente: profecias milenares indicavam essa data como o final dos tempos. Viria o apocalipse previsto pela Bíblia, por Nostradamus, pela Virgem de Fátima, por Rasputin, pela civilização maia, pelos muçulmanos, enfim, por todos os profetas que habitaram a terra desde que o mundo é mundo. E aqui estamos, récem-chegados ao novo século, ao novo milênio. O mundo não acabou e nem conquistamos, através da ciência e da tecnologia, o paraíso terrestre. A novela trata de fazer esse inventário: O que mudou? Para onde estamos caminhando? (Perez, 2001)

O uso de epígrafes também é comum. Em *O clone*, Gloria Perez inclui uma citação de Dostoiévski à sinopse: "Se Deus não existisse, tudo seria permitido." (Perez, 1990) Na telenovela *Bom sucesso*, que tratou, entre outros assuntos, de segundas chances na vida, escolhemos uma citação de Oscar Wilde: "Viver é a coisa mais rara do mundo. A maioria das pessoas apenas existe." (Wilde, 2003) É comum, também, um resumo ser apresentado em algumas linhas antes do desenvolvimento da trama, a fim de orientar o leitor. Em *Totalmente demais*, Paulo Halm e eu incluímos o seguinte resumo:

> Como um conto de fadas recheado de emoção e humor, seguiremos a trajetória de Eliza, uma jovem arisca e sonhadora, que foge de sua casa (e de seu padrasto cruel) para a cidade maravilhosa do Rio de Janeiro. Lá, seu destino se cruza com o de Jonatas, um jovem batalhador que ganha a vida nas ruas de forma criativa e acaba se apaixonando pela nossa mocinha nada delicada. Tentando sobreviver na cidade grande como vendedora de flores, Eliza conhecerá o sedutor Arthur, dono da agência de modelos Excalibur, que está atrás de uma *new face* para disputar (e vencer!) o concurso que a revista *Totalmente demais* está promovendo. Em uma aposta com sua amante e diretora-chefe da publicação, a poderosa Isabela, Arthur dirá que é capaz de transformar Eliza na grande campeã. O que a princípio começa como uma brincadeira mudará a vida de todos. Arthur, ao se aproximar de Eliza, se apaixona pela moça, que só está tentando uma vida melhor para sua família, e despertará o ciúme de Isabela. A temida e respeitada diretora da *Totalmente demais* fará de tudo para destruir essa relação e sabotar a ascensão da *new face* do interior. Subitamente atraída para um mundo de luxo e sedução, a vida de Eliza vira de pernas para o ar. Mas ela irá pagar um preço alto por

essa transformação: o amor de Jonatas e sua própria inocência. Romances, conflitos, sacrifícios e escolhas estarão presentes em diversos triângulos amorosos: Jonatas e Eliza viverão um romance puro e juvenil enquanto Arthur e Isabela serão competitivos, sofisticados, um romance no estilo "gato e rato" com triunfos e trapaças. Quando os caminhos de Arthur e Eliza se encontrarem, os dois viverão uma típica comédia romântica, em que os opostos se atraem. (Svartman e Halm, 2015)

Uma sinopse de telenovela deve contar com boas viradas, reviravoltas na narrativa ou *plot twists*. Plot twist é um termo muito utilizado por teóricos e pesquisadores em geral para designar o momento em que a trama se modifica completamente pela ação dos personagens, por um acontecimento externo ou por um conflito que chega ao ápice. Como as telenovelas são feitas para ter fôlego longo, é preciso elaborar pelo menos três grandes viradas ou reviravoltas ao longo da trama. Essa grande virada se desenvolve em viradas e revelações menores, ou secundárias, a cada semana, e bons ganchos a cada capítulo.

Para o espectador, essas reviravoltas, revelações, viradas e ganchos se traduzem em expectativas de curto, médio e longo prazos. O paradigma seria o de diversas linhas de chegada, ou seja, o autor escreve o capítulo para chegar ao gancho; os ganchos para chegar à virada ou revelação da semana; e as viradas da semana para chegar à próxima grande reviravolta da trama. Esse paradigma, porém, não é exato, pois uma telenovela costuma ter mais viradas, revelações e acontecimentos importantes no início, no meio e no fim. A menos que os pontos de virada surjam ao longo da trama, a história parecerá estática.

O Conde de Monte Cristo, romance de Alexandre Dumas de 1844, inspirou diversas telenovelas, como *O outro lado do paraíso*, de Walcyr Carrasco, e *Flor do Caribe* (2013), de Walther Negrão. As reviravoltas essenciais da trama já estão presentes na narrativa original:

1. Edmond Dantès é falsamente acusado de traição no dia de seu casamento com Mercédès e, sem ser julgado, é preso em uma ilha (elemento detonador/primeira reviravolta).
2. Edmond conhece um prisioneiro, Abbé Faria, que deduz que o culpado pelos dissabores de Edmond é Fernand Mondego, seu invejoso rival (revelação).
3. Faria inspira Edmond a fugir e revela a localização de um tesouro. Após várias aventuras (viradas secundárias), Edmond consegue encontrá-lo.
4. Anos depois, Edmond cria uma grande teia para se vingar dos seus inimigos, assumindo vários nomes, entre eles o do poderoso Conde de Monte Cristo. Ele se vinga de todos que conspiraram contra ele, além de reencontrar Mercédès (diversas viradas secundárias).
5. Edmond se revela.

Essa lista de acontecimentos, ou pontos de virada, já deve fazer parte da sinopse em forma de prosa. E a história principal deve ter em torno de vinte páginas. Importantes histórias secundárias e seus pontos de virada também fazem parte da sinopse e podem ser descritas em seguida. Geralmente, a trama principal começa com um detalhamento maior das principais viradas dos primeiros capítulos e depois segue em linhas mais gerais, sempre apontando quais serão as reviravoltas na trama. Além disso, uma lista de personagens, suas características e os principais cenários também são necessários na sinopse, bem como as tramas secundárias e suas viradas. As tramas secundárias serão desenvolvidas de preferência com alguma ligação com a trama principal, por meio de pelo menos um dos personagens; do ambiente de trabalho/estudo; da localização da moradia dos personagens da trama principal — um núcleo secundário pode ser uma família vizinha, por exemplo. Além disso, dependendo do horário da telenovela, é necessário que exista pelo menos um núcleo jovem e um núcleo de humor. A trama principal geralmente é mais sentimental e emotiva para agradar ao público mais envolvido na teledramaturgia diária, que já acompanha novelas há algum tempo e pede a estrutura melodramática; portanto, é nas tramas secundárias que outros gêneros narrativos muitas vezes aparecem. Como pondera o professor Flávio de Campos: "A novela se comunica com espectadores diversos, plurais. Por essa razão e por fazer da identificação a base de sua comunicação, uma novela contém núcleos de personagens diversos, com quem seus diversos espectadores possam se identificar." (Campos, 2007)

Estratégias para o desenvolvimento de escaletas e capítulos de uma telenovela e a relação com a equipe de produção

O primeiro capítulo de uma telenovela deve apresentar os protagonistas e introduzir o elemento detonador da primeira reviravolta da trama principal, de preferência por meio de um grande acontecimento que traga dinâmica ao roteiro.

Em *Senhora do destino*, de Aguinaldo Silva, esse acontecimento é a decisão da personagem Maria do Carmo de partir do sertão de Pernambuco com os cinco filhos para encontrar o irmão no Rio de Janeiro. Ela e os filhos chegam à cidade do Rio de Janeiro em 13 de dezembro de 1968, justamente no dia da decretação do Ato Institucional nº 5 (AI-5). Há um grande tumulto nas ruas do Centro da cidade, tomadas por manifestantes e policiais em confronto. Por causa disso, ela se perde do irmão e conhece sua antagonista, Nazaré, que lhe roubará a filha mais nova. Aguinaldo Silva observa:

> Quando criei *Senhora do destino*, decidi situar naquele dia a chegada da personagem principal ao Rio de Janeiro, quando ela passava por todas aquelas coisas terríveis que marcariam sua vida. Sem que ela percebesse, estava acontecendo uma tragédia histórica que afetaria o país inteiro. (Fiuza e Ribeiro, 2008)

O primeiro bloco, ou a primeira semana de capítulos, definirá a história principal. É essa narrativa que será responsável pela grande maioria dos ganchos até o final da exibição; portanto, é necessário que o público entenda e se conecte com essa história.

Escrever uma telenovela é um trabalho extenuante dado o volume de conteúdo envolvido. Gilberto Braga afirma que o volume de trabalho vem aumentando nos últimos anos. Fazendo referência à novela das 21 horas, ele argumenta: "Quando eu comecei, um capítulo durava 25 minutos. Na época da Janete Clair, eram 20 minutos. Agora são 50, 55 minutos!" (Fiuza et al, 2008) O ritmo industrial de uma telenovela leva cada autor a elaborar estratégias para suprir a demanda de produção de texto. Benedito Ruy Barbosa, por exemplo, admite que não consegue trabalhar com colaboradores. Recentemente, no entanto, foi coautor da novela *Velho Chico* (2016) com a filha o Edmara Barbosa e o neto Bruno Luperi, que em 2022 assinou a nova versão da telenovela *Pantanal* (1990, 2022), de autoria do avô. Gloria Perez trabalha com mais de um pesquisador, mas também prefere escrever sozinha e sem uma escaleta planejada, seguindo a sinopse original. Ela continua o texto de onde parou no dia anterior. No caso do autor que prefere trabalhar com colaboradores, uma escaleta é essencial. Por meio dela, o autor pedirá aos colaboradores cenas, diálogos ou capítulos completos. Mauro Alencar analisa como deve ser uma escaleta de telenovela: "É o planejamento da ação dramática ao longo de vários capítulos. Em reuniões periódicas, o autor titular define com seus colaboradores o que vai acontecer nos capítulos seguintes. Depois, detalha cada sequência a ser escrita e delega tarefas." (Alencar, 2002).

Em *Totalmente demais* e *Bom sucesso*, após uma reunião semanal com colaboradores, bastante semelhante à descrita por Alencar (2002), Paulo Halm e eu elaborávamos uma escaleta com a descrição das cenas numeradas e sugestões de diálogos, quando era o caso. As descrições de cenas não precisam ser muito extensas. As nossas escaletas para capítulos de 45 minutos tinham por volta de nove a dez páginas e aproximadamente quarenta cenas descritas. Na escaleta, os intervalos comerciais ou breaks já devem estar previstos. A linguagem de uma escaleta é coloquial, e as instruções são para autores que já estão bastante familiarizados com a narrativa. A partir de uma escaleta, Alencar (2002) descreve três formas diferentes de trabalhar com colaboradores. Na primeira, "por capítulo", colaboradores diferentes escrevem capítulos fechados da narrativa seguindo a escaleta; na segunda, "por núcleo ou gênero", colaboradores escrevem certos núcleos da trama ou cenas com gêneros específicos, como ação ou humor, sem participar do restante da história; na terceira, "por cena ou diálogo", o autor pode delegar apenas a marcação de cenas, rubricas ou a descrição do diálogo.

Gilberto Braga costumava ter um time de colaboradores e já assinou mais de uma novela com outro autor. Ele conta no livro *Autores* que, em *Paraíso tropical* (2007), fazia uma reunião semanal com dois dos seus colaboradores sobre a trama. Outro autor, Ricardo Linhares, era responsável, sob sua supervisão dele,

Gilberto, por fazer a escaleta, ou a lista de cenas, de cada capítulo que depois eram distribuídas para os diferentes colaboradores. Gilberto Braga esclarece o processo da seguinte forma:

> Quando recebo a escaleta, eu revejo tudo, qualquer coisinha, se acho que devo, e marco o que cada colaborador vai escrever. Distribuo as cenas entre eles. Eles escrevem, depois me mandam, eu monto o capítulo e faço a revisão final. (Fiuza e Ribeiro, 2008)

Silvio de Abreu, que escrevia as escaletas sozinho, costumava desenvolver os capítulos com dois colaboradores pelo método que Alencar (2002) descreve como "por capítulo". Cao Hamburger, durante a temporada de *Malhação — Viva a diferença* (2017-2018), apesar de discutir a escaleta em equipe, em uma abordagem similar à das séries, também utilizava o método "por capítulo". Em *Totalmente demais*, *Bom sucesso* e *Vai na fé*, a equipe de colaboradores trabalhava "por núcleo ou gênero", mas isso não impedia que, quando necessário, um colaborador escrevesse para um núcleo cujas cenas comumente eram distribuídas para outro autor.

A partir de 2012, quando fui convidada a escrever, junto com Glória Barreto, a novela *Malhação — Intensa como a vida* (2012), aperfeiçoei um método de elaboração de capítulos que utilizamos até hoje. Todos os sábados a equipe de autores se reunia para decidir quais ganchos de capítulo levariam à próxima virada da semana e que histórias secundárias seriam abordadas. Essas histórias secundárias podem ser responsáveis, além da história principal, pelos breaks ou intervalos comerciais de cada capítulo. Breaks são cenas importantes, de grande expectativa, mas menos importantes que os ganchos. São as cenas que antecedem o espaço publicitário, as quais, portanto, devem criar alguma expectativa para que o espectador mantenha o interesse de voltar a ver a novela após os comerciais.

Uma vez escolhidos os breaks — das cenas da trama principal ou de uma das secundárias — e os ganchos, cenas geralmente da trama principal, a escaleta é feita apenas pelos autores titulares. A estratégia é fazer as cenas construírem a história até cada break e, por fim, o gancho. As cenas dos breaks ou do gancho não devem ser isoladas do que aconteceu ao longo do capítulo. Essa é uma técnica de roteiro que os professores David Howard e Edward Mabley (2002) chamam de pista e recompensa. Normalmente, perto da resolução, quando as circunstâncias dos personagens mudaram, há uma "recompensa" ou *pay off*, no qual o gesto — ou a ação — assume um novo significado. O escritor então escolhe quais cenas se tornam pistas para que a trama chegue a esse ponto, que é, geralmente, o break ou o gancho.

Quando se escreve o capítulo, os breaks e os ganchos se tornam as "recompensas" — e então o que o autor faz é escolher as cenas que se tornam pistas para chegar àquele momento. Em outras palavras, planta-se para poder colher. Em uma novela das 19 horas, de 45 minutos, serão em média dez cenas, sem contar passagens de tempo, até cada break ou gancho, sempre alternando as tramas e os cenários. Em um capítulo com esse tamanho é comum oferecer, além da trama principal, mais duas tramas secundárias, uma vez que a trama principal consome, no mínimo, metade das cenas do capítulo. É usual, também, o roteiro prever situações cujas resoluções ocorrem no próprio episódio, para que quem assista apenas a um determinado capítulo não se sinta perdido na narrativa. É atribuída a Janete Clair a ideia de que cada capítulo deve ser um espetáculo, ou seja, pode ser assistido por um espectador esporádico ou por alguém que acompanha a trama.

Howard e Mabley (2002) descrevem como deve ser uma página de roteiro ideal. Um roteiro conta com rubricas que assinalam a descrição resumida da locação do universo da história, quais personagens estão presentes, as ações específicas, indica estilo, contrastes entre cenas na mesma sequência, sugere mudanças de ritmo, além de luz, cor, som, figurino, maquiagem, objetos etc. As rubricas podem ser objetivas — descrevem a ação — ou subjetivas — descrevem o sentimento ou explicitam o ponto de vista de um personagem específico. As rubricas devem sempre evitar a indicação de planos ou posições de câmera que o diretor deve seguir, ou seja, em vez de escrever close ou plano próximo de determinado personagem, um bom roteirista pode utilizar outros subterfúgios, tais como "os olhos de Eliza se enchem de lágrimas que escorrem pelo seu rosto borrando a maquiagem". Obviamente, se o autor pede esse nível de detalhe, o bom diretor entenderá a rubrica e fará um close.

Um erro comum que percebo em roteiristas inexperientes é o de descrever o que vai acontecer na cena em uma rubrica. Isso é um erro e um pleonasmo, porque a cena em si deve ser o suficiente para entendermos seu propósito. Outro erro comum é uma rubrica impossível de ser reproduzida na narrativa audiovisual, como, por exemplo, "ele atravessa a rua pensando na namorada". Essa rubrica pode funcionar na literatura, mas no audiovisual o espectador não pode adivinhar o que ou em quem o personagem está pensando sem outros elementos que favoreçam esse entendimento. Se a mesma cena fosse descrita assim, "ele atravessa a rua segurando a foto da namorada e suspirando", poderia ser uma cena ruim, mas pelo menos seria factível.

Para Howard e Mabley, um autor nunca deve colocar ação no diálogo, descrevendo longamente o que deveria ser visto, ou seja, em vez de o personagem contar uma experiência, de preferência o espectador deve assistir ao personagem viver essa experiência. O diálogo deve revelar o personagem e levar a ação adiante. Em uma telenovela, uma página de roteiro é muito similar à de um filme, a diferença é que os capítulos de novela costumam dispor de cenas com mais diálogos do que em um filme, muitas vezes sublinhando as ações, pelas características inerentes das mídias.

A grande diferença entre um roteiro de novela e um de filme, porém, não está na elaboração das cenas ou mesmo nas ferramentas de roteiro: está na estratégia para desenvolver uma história em mais de cem capítulos sem perder o ritmo. Uma das maiores críticas a novelas é a "barriga", ou seja, aquilo que torna a trama parecer estacionada, sem que as viradas tragam transformações que deem continuidade à história. Para escapar dessa armadilha, autores precisam planejar bem as reviravoltas da trama na sinopse e, por conseguinte, as viradas semanais da novela e os ganchos, de forma que a história sempre se renove.

O cronograma de trabalho que elaborei para a equipe de roteiro das telenovelas que assinei como autora titular foi feito da seguinte forma:

Sábado:
Reunião de equipe e elaboração da escaleta 1, que será enviada para colaboradores. Na reunião de equipe se discutem os principais breaks e ganchos da semana seguinte. Esses ganchos diários têm relação direta com a principal virada prevista na sinopse para aquele mês e consequentemente com as viradas secundárias semanais.

Segunda-feira:
Escaletas 2 e 3 são elaboradas e enviadas para colaboradores.
(Colaboradores entregam cenas da escaleta 1.)

Terça-feira:
Escaletas 4 e 5 são elaboradas e enviadas para colaboradores.
(Colaboradores entregam cenas das escaletas 2 e 3.)

Quarta-feira:
Escaleta 6 é elaborada e enviada para colaboradores. Montagem e fechamento do capítulo 1.
(Colaboradores entregam cenas das escaletas 4 e 5.)

Quinta-feira:

Montagem e fechamento dos capítulos 2, 3 e 4.

(Colaboradores entregam cenas da escaleta 6.)

Sexta-feira:

Montagem e fechamento dos capítulos 5 e 6. Revisão e entrega do bloco para a produção.

E assim consecutivamente por seis meses, dependendo da frente de trabalho. Em *Vai na fé*, eu segui a mesma lógica, mas transferi a reunião de bloco de sábado para segunda-feira, para não ter risco de trabalhar no domingo, um dia de descanso necessário.

Muitos autores preferem começar com um grande volume de capítulos já escritos. Silvio de Abreu dizia que costumava trabalhar com setenta capítulos, por exemplo, e modificá-los caso houvesse alguma rejeição a um personagem, a alguma trama, ou caso surgisse um imprevisto. Imprevistos são comuns, mas uma sinopse bem forjada, com pontos de virada específicos, facilita a entrega de capítulos quando o tempo alocado para o processo criativo é limitado.

Nas reuniões de sábado (ou segunda) e ao longo da escrita das escaletas da semana, existe uma grande preocupação em não ter os protagonistas em mais de seis cenários. Como são seis dias de gravação por semana, é preciso planejar para que haja viabilidade de o roteiro ser gravado pela equipe. Atualmente, em uma telenovela, o ideal é que nenhum ator ou atriz estejam em mais de 25% das cenas de um bloco de capítulos. Atores ou atrizes menores de idade não podem estar em mais de 6% das cenas do bloco, de forma a se respeitar a legislação e o menor número de horas trabalhadas. Em *Bom sucesso* e *Totalmente demais*, 60% da novela se passava em estúdio, 30% na cidade cenográfica e 10% em áreas externas. Em *Vai na fé*, o percentual de cenas de estúdio subiu para 70%, com 22% de cidade cenográfica e 8% de externas. No estúdio, a produtividade é bem maior, pelo número de câmeras e luz já desenhadas e estabelecidas por cenário, compensando o ritmo mais lento de uma cidade cenográfica e das gravações externas, que ainda sofrem com toda sorte de imprevistos quando se filma em locação: trânsito, obras, passantes.

A boa relação entre a equipe de roteiro e a direção é essencial, e são diversos os exemplos práticos. Se um autor não se comunica com a direção e a produção, um evento pode não ser viabilizado dentro do cronograma ou orçamento da novela, por exemplo. Por evento entende-se um conjunto de cenas que demandam investimento. Uma cena de perseguição, por exemplo, com batidas de carro e dublês, ou uma grande festa que, com muitos figurantes, mobiliza boa parte do elenco, impedindo que outras frentes possam ser gravadas — geralmente, um casamento ou um velório. O autor precisa comunicar à direção uma virada na trama que demanda a preparação específica do ator, se ele vai precisar cantar, por exemplo, ou praticar um esporte. A utilização de imagens, músicas, livros, poemas que necessitam da liberação de direitos autorais têm de ser antecipada pelos autores. Novos cenários com um grande número de cenas precisam ser orçados com antecedência, ou poderão atrapalhar todo o planejamento da produção. Quanto maior a frente de capítulos, melhor o planejamento. No entanto, uma frente muito grande de capítulos concomitante com uma frente grande de gravação em relação à exibição distancia a telenovela, uma obra aberta, do público. Nas telenovelas em que trabalhei, negociamos intervalos de quatro semanas entre cada bloco, ou entrega de seis capítulos e a exibição deles. A produção tinha, portanto, quatro semanas para produzir cada bloco, entregues semanalmente. Assim, ainda poderíamos mudar a história se fosse necessário e a produção tinha tempo suficiente para a pré-produção (de uma a duas semanas), as filmagens (uma semana) e a pós-produção (uma semana).

Segundo Alcides Nogueira, "quando você escreve uma lauda, sabe que ela significa o trabalho de 300, 400 pessoas que são os técnicos, o pessoal da produção, diretores, maquiadores, figurinistas, cenógrafos" (Fiuza e Ribeiro, 2008). Escrever e produzir uma novela demanda ritmo e empenho de profissionais e recursos em nível industrial. O grande desafio é conservar, dentro dessas características de produção, o diálogo com o público e a qualidade da obra, já que em uma novela essas duas dimensões se confundem e são mensuradas pela emissora e pelos próprios autores por meio dos índices da audiência.

Como já foi dito anteriormente, as características comerciais da telenovela estão estabelecidas desde o seu surgimento e o modelo de negócio apoiado na publicidade. Todavia, o que se pretendeu demonstrar, ao esmiuçar o processo de elaboração dos capítulos de uma telenovela, foi que, justamente por ser uma obra aberta com um ritmo de produção industrial, o autor titular detém a autonomia de sua criação, pelo menos até o momento.

As pesquisadoras Lúcia Maria Bittencourt Oguri, Marie Agnes Chauvel e Maribel Carvalho Suarez (2009), em *O processo de criação das telenovelas*, entrevistaram diversos autores — Gilberto Braga, Manuel Carlos, Ricardo Linhares, entre outros — e executivos da TV Globo e concluíram que, apesar da busca pelo conhecimento por meio de pesquisas, a improvisação é um elemento fundamental do processo produtivo. Ela está centrada na figura do autor, que transforma a narrativa original de acordo com a sua sensibilidade, seja influenciado pelo aprendizado das pesquisas, que ele pode acatar ou não, seja por informações colhidas no dia a dia. De acordo com as pesquisadoras, "os autores de novela entrevistados neste estudo são quase unânimes na menção a outra fonte de informações sobre o telespectador: os comentários que ouvem na rua, de conhecidos ou desconhecidos" (Oguri et al., 2009). Eu acrescentaria que, hoje em dia, outra fonte óbvia são as redes sociais. Para as pesquisadoras, em uma analogia com as bandas de jazz, os executivos da TV Globo lideram a banda, mas sabem que, em última análise, o resultado musical está nas mãos dos músicos: "E na Rede Globo, os grandes 'solistas' são os diretores da novela e, sobretudo, os autores."

Uma vez aprovada a sinopse e a telenovela ter iniciado a fase de produção, qualquer manobra exige a cooperação do autor para que não haja uma quebra no mecanismo de produção e uma perda significativa de tempo e recursos. Em 2017, por exemplo, de acordo com dados disponibilizados pela emissora durante a premiação do Emmy Internacional de 2017, um capítulo de uma telenovela da TV Globo custou 300 mil dólares na época, incluída a implementação, o que significa, no caso de *Totalmente demais*, que teve 176 capítulos, um total de cerca de 52 milhões de dólares. O autor, em última instância, está no centro de uma corrente poderosa e cara do audiovisual brasileiro, que, além de envolver centenas de profissionais e recursos consideráveis, comanda uma enorme audiência no Brasil. Esse poder não significa que os autores não se preocupem com a audiência ou não estejam dispostos a fazer mudanças para aumentar o número de espectadores — este é um interesse comum na televisão comercial. O aumento da frente de capítulos, como aconteceu durante a pandemia, pode diminuir a autonomia do autor, mas o preço é o distanciamento da obra e do público, diminuindo o diálogo com a audiência, o que pode influenciar os índices para a venda de publicidade.

No capítulo seguinte, uma reflexão sobre a relação das telenovelas, dos autores e da emissora com o público, levando em consideração as novas tecnologias e transformações na espectatorialidade. Por conseguinte, será debatido de que modo, na atualidade, esse público conectado pode ou não interferir em uma telenovela — e de que forma. Em suma, qual o poder da audiência?

O público e a telenovela: transformações e resiliência da espectatorialidade

No Brasil, a televisão aberta atrai milhões de pessoas diariamente para assistir a telenovelas entre as 18 e as 23 horas, intercaladas com notícias locais e nacionais. A pandemia em 2020 foi um fator importante para impulsionar o consumo de televisão. Responsável pela programação da TV Globo, Amauri Soares (Estadão Conteúdo, 2020) avalia o sucesso das reprises de telenovelas, necessárias pela interrupção das gravações durante a pandemia: "É verdade que, por causa da quarentena, tem mais gente em casa. Mas essas pessoas a mais também escolheram ver nossas novelas. O que mostra que nossas escolhas foram acertadas." De acordo com a Kantar Ibope Media (estudo Inside Video 2022), em 2020, 204 milhões de brasileiros assistiram à televisão cerca de 7 horas e 9 minutos por dia, o que equivale a 37 minutos a mais do que em 2019 (que detinha o recorde dos últimos cinco anos). Em 2022, um ano que se caracteriza por um relaxamento gradual da sociedade e de protocolos em relação à pandemia, 196.403.922 pessoas assistiram a emissoras de televisão linear, com um tempo médio de 5 horas e 17 minutos. No entanto, o tempo médio de atenção antes de mudar de canal aumentou em relação ao ano anterior: em 2021, era de 41 minutos e, em 2022, de 43. "O Brasil se destaca como um dos países com maior consumo de televisão linear da América Latina e o primeiro com o maior tempo médio de televisão aberta." (Inside Video 2023) Mais do que o dispositivo onde mais se assiste a vídeos e, principalmente, conteúdo da televisão aberta, a televisão é um conjunto de comportamentos e práticas, um pacto em negociação contínua com o público. Mais do que uma oferta de conteúdo, a televisão é uma arena e um ponto de partida para o diálogo com o espectador — e é o espectador quem detém a palavra final. José Roberto Maciel, ceo do SBT, observa que, em relação às diversas telas e possibilidades de espectatorialidade, "mais do que nunca, falar 'com a audiência' se tornou muito mais relevante do que falar 'para a audiência'" (Inside Video 2023). Neste capítulo, a análise da telenovela será do ponto de vista do público.

De acordo com a pesquisa do Observatório Ibero-Americano de Ficção Televisiva (Obitel) (Lopes e Lemos, 2020), 15 telenovelas foram oferecidas para o público em 2019. Dos dez títulos mais assistidos da televisão aberta, oito eram telenovelas. Durante a pandemia, nos anos de 2020 e 2021, foram oferecidas, respectivamente, apenas seis e sete novelas inéditas a cada ano por problemas de produção. Em 2021, entre os dez títulos mais vistos de acordo com o levantamento do Obitel (Lopes e Lemos, 2022), todos eram telenovelas, entre inéditas e edições especiais de novelas já exibidas. Lopes e Lemos (2020) apontam que, em 2019, pelo menos 61% da audiência das telenovelas exibidas das 18 às 23 horas na TV Globo era feminina. O horário das 18 horas é o que concentra o maior percentual de mulheres: 65,9%. No mesmo ano, segundo dados da Pesquisa Nacional por Amostra de Domicílios Contínua (PNAD), 51,8% da população brasileira era composta por mulheres. Os dados da Kantar Ibope Media também revelam que as telenovelas das 18 horas concentraram o maior número de pessoas com 50 anos ou mais. Já as das 19 horas, em 2019, tiveram metade da audiência composta por pessoas da classe social C,[1] enquanto as das 21 horas tiveram o maior percentual de audiência, aproximadamente 29%, das classes AB. Os dados referentes a 2021 (Lopes e Lemos, 2022) são similares: as mulheres continuam sendo a principal audiência das telenovelas. No entanto, chama a atenção o aumento do número de homens, 46,6%, assistindo a uma novela das 19 horas, *Haja coração*. Esse novo fenômeno pode ter acontecido por conta da pandemia e da mudança de rotina de muitos brasileiros.

---

1. De acordo com a Associação Brasileira de Empresas de Pesquisa (Abep), o Critério de Classificação Econômica Brasil enfatiza sua função de estimar o poder de compra das pessoas e famílias urbanas, abandonando a pretensão de classificar a população em termos de "classes sociais". A divisão de mercado por classes econômicas: https://www.google.com/url?sa=t&rct=j&q=&esrc=s&source=web&cd=10&cad=rja&uact=8&ved=2ahUKEwiJ9sCGnoXgAhU7JrkGHfVJDYoQFjAJegQIBhAB&url=https%3A%2F%2Facademia.qedu.org.br%2Fglossario%2Fnivel-socioeconomico-nse%2F&usg=AOvVaw1l5S3l9hhUe5zv4ba3hjBr. Acessado em: 19 jan. 2019.

A programação da televisão linear acompanha o cotidiano dos brasileiros, portanto, é possível afirmar que o conteúdo é produzido e adaptado para o público descrito anteriormente, um público diverso que inclui milhões de pessoas. Como observou Wolton (1996), assistir a uma novela no Brasil faz parte de um laço social que mobiliza milhões de pessoas de diferentes regiões. Em 2019, por exemplo, a novela das 21 horas, *A dona do pedaço* (2019), de Walcyr Carrasco, teve uma audiência média de 34,1 pontos e 50,9 de *share* (percentual de televisores ligados na telenovela). Nesse ano, cada ponto representava 703.167 indivíduos nos 15 principais mercados brasileiros aferidos pela Kantar Ibope Media. E a edição especial dessa mesma novela, em 2021, obteve 29,2 pontos de audiência e 45,4% de *share*; e nesse ano, cada ponto equivalia a 716.007 pessoas nos 15 principais mercados.

A diretora de pesquisa Eneida Nogueira (Svartman e Nogueira, 2018) mostra que várias pesquisas apontam a televisão como uma companheira para o espectador, gerando, assim, uma dimensão de "pertencimento", ou seja, a sensação de que o espectador faz parte da sociedade e não está sozinho, uma vez que há outros telespectadores fazendo a mesma coisa ao mesmo tempo. Além disso, a televisão é uma fonte de informação para se saber o que está acontecendo fora de casa — no dia seguinte, esse espectador terá um repertório em comum com outras pessoas. No entanto, cada espectador acrescenta à narrativa outros textos secundários e terciários, como Fiske (1987) teorizou, além do momento histórico-cultural, de experiências pessoais, expectativas e sonhos. Feuer (1992) argumenta que o processo de sentido de um texto, e até mesmo o prazer do leitor, deriva do fato de ele relacionar o texto a outros. É dessa forma que o espectador interpreta a narrativa, de acordo com sua individualidade e vivência. Isso porque, mesmo com todas as transformações na espectatorialidade que são abordadas neste livro, existe uma dimensão de produção de significados e subjetividades que permeia a experiência do espectador em mais de 70 anos de existência da telenovela. Por essas características, pela relação e pelo diálogo com a audiência, a telenovela se destaca do fluxo de programação. Dessa forma, ela proporciona ao público brasileiro uma reflexão sobre a realidade de cada um e temas atuais; fornece informações e conhecimentos; auxilia na identificação com traços de personagens, histórias e emoções; oferece uma oportunidade de fantasiar e se distanciar da realidade; proporciona relaxamento e, finalmente, inspiração.

Almeida (2001), em sua pesquisa sobre o consumo da novela *O rei do gado*, avalia que por tratar de relações afetivas, a novela interage com os espectadores, provocando reflexões sobre relações íntimas e familiares. Assim, a telenovela também constitui uma linguagem capaz de promover um tipo de educação sentimental por meio de um processo reflexivo dos espectadores. Almeida (2001) cita como exemplo mães que usam a narrativa para falar sobre temas delicados, como sexualidade e afeto, com seus filhos e filhas. El Fahl, em sua pesquisa sobre a relação das telenovelas com a literatura brasileira, pondera que "a relação afetiva do brasileiro com a telenovela é uma questão cultural que não podemos desconsiderar. Seus espectadores formam uma espécie de unidade que, ao acompanhar essa ou aquela narrativa, criam elos invisíveis que os conectam, criando uma teia comum que independe de classe social ou formação cultural" (El Fahl,2022).

Este capítulo propõe a investigação da relação do público com a telenovela sob os seguintes aspectos: o que o espectador espera de uma telenovela e como a narrativa se adapta a essas expectativas; o diálogo possível entre o espectador e a narrativa e qual o real poder da audiência; como o poder do espectador foi ampliado, ou não, pelas novas tecnologias e plataformas interativas.

O que o espectador deseja em uma telenovela

Eneida Nogueira (Svartman e Nogueira, 2018) observa que as empresas de comunicação investem uma quantia significativa em pesquisas para criar uma programação linear em sintonia com a sociedade. Mirian de Icaza Sánchez (Svartman e Sánchez, 2018), que trabalhou por 26 anos na Central Globo de Controle e Qualidade (CGCQ),[2] até 2016, revelou que nas décadas

---

2. As pesquisadoras Lúcia Maria Bittencourt Oguri, Marie Agnes Chauvel e Maribel Carvalho Suarez (2009) resumem quais seriam as funções da Central Globo de Controle e Qualidade: "O setor tem por função fazer a

de 1970 e 80 o orçamento do departamento era, em média, 2 milhões por ano. Mirian trabalhou ao lado do marido, já falecido, Homero Icaza Sánchez, chamado de "El Brujo" pela habilidade de antecipar tendências. "Ele [Homero Icaza Sánchez] sabia até quanto tempo uma fofoca levava de Copacabana até o Centro da cidade do Rio de Janeiro." A pesquisadora observa que o departamento trabalhava com vetores levantados pelas pesquisas para tentar descobrir se um programa seria popular. "Homero dizia que quando recebemos a audiência já é tarde, você precisa saber antes para onde ela vai, quais são as tendências." Foi Homero, com a certeza de que seria um sucesso, quem aconselhou Boni a produzir tramas de época para o horário das telenovelas das 18 horas, exibidas, hoje, às 18h30.

Nogueira explica que nesse horário a mulher geralmente se encontra sozinha em casa, seja porque os filhos e avós estão ocupados com outras atividades, seja porque o marido ainda não chegou em casa. É um momento de intimidade que essas mulheres têm consigo mesmas. As narrativas nesse horário tendem a ser mais fantasiosas e emocionais. "É claro que a mulher muda ao

---

análise dos produtos, verificar e manter o controle dos níveis de audiência, ajustar os programas de acordo com critérios preestabelecidos e decidir sobre sua permanência na grade de programação. É o departamento que recebe e analisa os resultados da Divisão de Pesquisa, bem como os relatórios da Central de Atendimento ao Telespectador (cat), e formula possíveis ações. Ele pode, por exemplo, sugerir aos autores que alonguem ou encurtem determinadas tramas ou até a novela como um todo." p. 44.

longo do tempo e a novela também tem que mudar." (Svartman e Nogueira, 2018) "É um horário onde ela está fazendo comida ou preparando um lanche, mas é um horário de individualização."

Por volta das 19 horas, a casa tem uma dinâmica agitada: o marido chega, as crianças e os adolescentes terminam suas atividades, o jantar é preparado e servido. "A telenovela senta na mesa com as pessoas", diz Nogueira (Svartman e Nogueira, 2018), e, como ela é vista por muitas crianças e adolescentes — 11% da audiência, em 2019, e aproximadamente 13%, em 2021 —, não devem conter cenas excessivamente violentas ou eróticas.

Ao analisar as telenovelas das 21 horas, Redondo (2007) observa que, ao se dirigir a um público de massa, há a procura por temas polêmicos e tabus que incomodem emocional e moralmente, além de gerarem mídia sobre os temas. Para Eneida Nogueira (Svartman e Nogueira, 2018), as telenovelas das 21 horas têm a vocação de discutir os grandes temas da sociedade há vinte anos. A diferença é que, hoje em dia, há adultos, crianças e adolescentes "na sala". Nogueira explica que uma das consequências disso é a narrativa não poder mais ser tão densa. Por meio de pesquisas, Nogueira concluiu que esse era também um horário de descompressão para mulheres que trabalham fora de casa e para as donas de casa. Às 21 horas, elas estão exaustas. "Essa mulher quer se reconectar consigo mesma. É o primeiro momento em que ela se senta e pode se dar ao luxo de pensar alguma coisa para ela mesma. Aprender, refletir, viver alguma coisa." (Svartman e Nogueira, 2018)

As novelas das 23 horas são mais curtas e intermitentes, ou seja, não têm uma grade fixa. De qualquer forma, elas oferecem temas mais adultos e cenas mais fortes. Nesse horário, as crianças já dormiram, os adolescentes preferem ficar sozinhos e as novelas são muitas vezes vistas no quarto pelo casal. De acordo com Nogueira (Svartman e Nogueira, 2018), é por isso que os autores podem investir em abordar temas como violência, política e mais cenas de sexo. Por possuírem um público mais adulto e, portanto, menos heterogêneo, essas obras são as mais similares aos seriados de audiência fragmentada ou segmentada em plataformas digitais ou em canais fechados. De acordo com Nogueira, "23 horas é o horário da intensidade, vamos chamar assim. E pode ser de várias formas. As mulheres falam que tem que ser alguma coisa que o marido também goste de ver".

Almeida (2002) observa que em pesquisas empíricas com espectadores, embora seja possível observar homens de diversas idades que acompanham telenovelas, alguns com muito interesse, eles identificam a telenovela como um programa de mulher. É comum, também, especialmente nas camadas mais populares, que apenas algumas telenovelas — em geral as exibidas depois do *Jornal Nacional* — sejam consideradas programas legítimos para o público masculino. No entanto, Lopes e Lemos (2020, 2022) nos informam que, em 2019, as telenovelas tiveram pelo menos 33% de audiência masculina e, em 2021, um percentual ainda maior, chegando a 46,6% no horário das 19 horas.

À primeira vista, a análise de Nogueira chama atenção por levar em consideração apenas a "família tradicional brasileira", que parece estar se transformando. Muanis (2018) observa que historicamente a televisão generalista se organizou de acordo com os horários de um modelo familiar arbitrário, burguês e de classe média, conservador, branco e heterossexual, composto idealmente por um casal e dois filhos inseridos socialmente. Assim, a grade da televisão teria sido elaborada com base nos horários desse lar-modelo. Muanis avalia que esse modelo foi aos poucos se enfraquecendo nos Estados Unidos, à medida que a sociedade se transformava. A mulher passou a trabalhar fora, o ritmo da vida cotidiana aumentou e, por conseguinte, os horários do dia a dia se desestabilizaram. A televisão corporativa estadunidense percebeu que esse modelo não contemplava as famílias de casais separados, pessoas sozinhas, sem filhos, ou, ainda, mães ou pais solteiros, bem como casais homossexuais com ou sem filhos.

Em 2022, de acordo com o IBGE (Censo/PNAD contínuo), o percentual de famílias em que a mulher era a responsável foi de 22%, por exemplo. E foi justamente a partir do aumento contínuo das "mães solo" no Brasil, que surgiu a inspiração para a novela *Bom sucesso*, que escrevi com Paulo Halm. Muanis (2018) observa que a grade televisiva se desestabilizou e outro modelo de negócio surgiu, com horários flexíveis e conteúdos diversificados para públicos de nicho — considerando as novas formas de consumo hipersegmentadas e de vídeo por demanda da televisão. No entanto, como já foi observado, o processo de transformação da televisão nos Estados Unidos não é o mesmo que o da televisão no Brasil.

Segundo Martín-Barbero, "se a televisão na América Latina ainda tem a família como unidade básica de audiência, é porque representa para a maioria das pessoas a principal situação de reconhecimento" (Martín-Barbero, 1997). A televisão, como observa Nogueira, continua se adaptando às transformações da "família-modelo", brasileira mesmo que esse modelo não reflita a realidade das famílias no país. Por sua vez, os objetivos da televisão generalista, quando elabora pesquisas de audiência e afina a programação de acordo com a sociedade, não é julgar ou impor um modelo de família uninuclear, e, sim, por seus interesses explicitamente comerciais, agradar e conquistar uma audiência massiva. Embora haja amplo conteúdo em diferentes plataformas de mídia, a telenovela continua a atrair milhões de espectadores, que se engajam, se identificam e são inspirados por ela.

Pesquisas de audiência têm como um dos vetores o número de televisores conectados minuto a minuto e o *share* — porcentagem de televisores sintonizados em um programa. As pesquisas também apontam o número de pessoas que estão em casa, além do sexo, da idade, da classe econômica e o percentual que assiste ao programa. Segundo Oguri, Chauvel e Suarez (2009), o Painel Nacional de Televisão (pnt) é o sistema utilizado pela empresa Kantar Ibope Media para aferição eletrônica da audiência minuto a minuto. Ele se baseia na instalação de *people meters* nas residências, para obter uma amostra fixa determinada estatisticamente segundo parâmetros sociodemográficos: "O objetivo principal do pnt é oferecer ao mercado uma descrição do consumo de TV no mercado brasileiro traduzida em informações de estado de sintonia, audiência domiciliar e individual, penetração, perfil, alcance e frequência de exposição ao meio."

No fim do primeiro mês de uma telenovela na TV Globo, o autor e o diretor costumam participar do primeiro grupo focal ou grupo de discussão, também chamado de pesquisa qualitativa, o que é uma oportunidade de afinar o diálogo com o público. O pesquisador se certifica de que o grupo entende a trama, conhece os personagens, aprova ou não as relações entre esses personagens, observa se a audiência rejeita aspectos morais ou éticos da história e, finalmente, suas impressões sobre características estéticas da produção, como, por exemplo, figurinos e cenários. A empresa de pesquisa, terceirizada, reúne grupos que espelham o público em casa durante o horário em que a telenovela vai ao ar. Os participantes não sabem de antemão que produto irão avaliar. A pesquisa qualitativa acontece em São Paulo, não só por ser o maior mercado publicitário do Brasil, mas também porque as taxas médias de audiência na cidade são geralmente equivalentes ou próximas das taxas médias de audiência nos 15 principais mercados aferidos do país, segundo o PNT. Além de idade, grupo socioeconômico e gênero, os pesquisadores dividem os grupos entre espectadores assíduos e esporádicos. O objetivo de uma pesquisa qualitativa é entender o que agrada ao público fiel e o que está faltando na trama para atrair os esporádicos.

Quando os índices de audiência de uma telenovela estão abaixo do esperado, a emissora pode decidir fazer mais de uma pesquisa qualitativa, mas geralmente uma já é suficiente para entender como o público está recebendo a narrativa. Após a pesquisa qualitativa, resta aos executivos da emissora, ao autor e ao diretor acompanharem os números quantitativos diariamente e também a repercussão nas redes sociais — que, no entanto, não refletem o público total da telenovela.

Como autora, participei de grupos focais de cinco telenovelas. Por meio de um espelho unilateral, é possível acompanhar os grupos debatendo a telenovela sem que seja vista. Durante a pandemia e até o primeiro semestre de 2023, essas pesquisas foram feitas online, por intermédio de uma ferramenta de videoconferência. Para alcançar a confiança e a cumplicidade do grupo, os mediadores conversam sobre diversos assuntos antes de falar da novela: cotidiano, crianças, trabalho e até o lanche que é servido para o grupo, por exemplo. Em geral, há quatro grupos por dia durante três dias. Nos grupos de espectadores assíduos, há um maior desejo de discutir minúcias da trama, personagens e pares românticos. Em grupos de espectadores esporádicos, é mais difícil extrair o que pensam da narrativa, pois muitas vezes eles só se lembram da trama em linhas gerais e com várias lacunas, já que não se interessam muito pelo tema.

Para um autor de telenovela, é uma tortura assistir ao grupo dos espectadores esporádicos, mas são os grupos mais importantes porque são potenciais espectadores, pessoas que estão em casa no horário da telenovela, mas preferem assistir a outro conteúdo.

Os especialistas da pesquisa irão elaborar, a partir dos dados levantados, um grande apanhado do que agrada e do que desagrada ou é rejeitado pelo espectador, incluídas tramas secundárias, o que possibilita maior investimento em personagens que estavam em segundo plano, por exemplo. No entanto, é possível ter uma ideia dos grandes pontos de atenção assistindo aos grupos de discussão — principalmente quando existe alguma grande rejeição ou afeto pela trama ou por uma personagem.

Nogueira considera que "é muito raro a gente ir para o Focus Group e o autor se surpreender. Você sempre tem um pouco de ideia do que está acontecendo. Eu acho que ajuda a organizar as sensações, percepções dos artistas" (Svartman e Nogueira, 2018). No entanto, acredito que por mais que um autor saiba que devem ser feitos ajustes na trama, pela sensibilidade e ligação que ele tem com a telenovela e o público, muitas vezes é a pesquisa que o move a modificar a telenovela. Como a pesquisa é feita durante o árduo trabalho de escrita, mesmo que o autor não tenha tempo de parar e refletir sobre a trama, a pesquisa o força a fazer isso. Porque não importa quantos capítulos de frente um autor já tenha ou quantas versões e pareceres desses capítulos já existam, quando a telenovela vai ao ar é que a magia acontece.

A pesquisa pode revelar formas de agradar ainda mais ao público assíduo e, principalmente, de atrair o espectador esporádico, inserindo mais humor na trama, ação ou trazendo um novo personagem. Em uma das novelas que escrevi, havia duas melhores amigas apaixonadas pelo mesmo personagem, o que inicialmente balançou, mas depois acabou por estremecer a amizade. No entanto, o grupo focal revelou que o público achava o rapaz imaturo e irresponsável e que ele não valia o fim da amizade entre as duas amigas e o sofrimento que veio depois. Optamos por transformar o personagem e trazer qualidades para o rapaz, como responsabilidade e solidariedade por meio do aprendizado e crescimento, e também criamos outro protagonista masculino que entrou no triângulo amoroso. Em outra telenovela, o ajuste foi em uma personagem feminina relevante para a trama, mas com a qual as mulheres do grupo focal não se identificavam como gostaríamos. Achavam a personagem fria demais. Como estratégia, fizemos com que ela sofresse toda sorte de contratempos em uma maré de azar, trazendo empatia para a personagem, mostrando sua fragilidade e humanidade, para depois disso transformá-la. Nos dois casos, seja por causa desses ajustes, ou não, a audiência aumentou significativamente.

    O autor e o diretor não são obrigados a modificar a telenovela de acordo com a pesquisa, mas, na televisão comercial, audiências baixas podem significar que o programa saia do ar antes do previsto ou passe pela intervenção de um supervisor artístico — portanto, a pesquisa qualitativa pode ter uma influência significativa nesses profissionais, levando em conta que a telenovela brasileira tem características comerciais que lhe permeiam a produção.

De acordo com Gilberto Braga, "fazemos o que o público quer se concordarmos com isso" (Fiuza e Ribeiro, 2008). Como exemplo, o autor cita a pesquisa de *Vale tudo*, na qual o público pediu que a personagem interpretada por Regina Duarte, a heroína Raquel, não fosse tão perfeita. Segundo Gilberto Braga, a própria atriz também queria que a personagem tivesse algum deslize. Ele atribui esse desejo ao traço maniqueísta da novela e à popularidade da vilã, Maria de Fátima, filha de Raquel, interpretada por Glória Pires. Gilberto Braga conta que conversou com os outros autores da trama e, juntos, decidiram manter a personagem com as características originais. "Deixamos o público reclamar até o fim porque *Vale tudo* se baseava nessa oposição: mãe honesta e filha desonesta." (Fiuza e Ribeiro, 2008) Observa-se que Gilberto Braga reforça a hierarquia do autor como elo principal da cadeia criativa e de poder em uma telenovela. Por mais que haja o diálogo com o público e que este, ao aceitar ou não a trama e os personagens, seja uma das principais forças responsáveis não só pela permanência da obra no ar, mas também pelas transformações que ela sofre ao longo de quase sete décadas, o público espera uma história bem contada por alguém: o autor.

A repercussão da telenovela e a influência do espectador ampliadas pelas mídias sociais e as plataformas interativas

Mesmo antes de a TV estar conectada à internet (ou ao videogame), já havia o ato de mudar de canal, ligar e desligar, realizar tarefas enquanto um programa está sendo transmitido, entre outras práticas, que corroboram os argumentos de que o espectador não é nem nunca foi passivo. Além disso, não há como existir passividade em um espectador que relaciona o texto televisivo às próprias vivências, leituras, a partir de seu contexto histórico e social, pois todo processo de interpretação é subjetivo e ativo.

O entendimento de uma audiência ativa pode ser associado erroneamente apenas à figura do fã, considerando que este seria o espectador que interage com a obra ostensivamente, produzindo conteúdo, por exemplo. No entanto, público ativo é aquele que se envolve com a história emocionalmente, associando a telenovela, por exemplo, a textos secundários e terciários e interagindo em diversas dimensões. Fiske (1987) argumenta que há um processo de negociação entre a proposta de conteúdo e a posição do espectador. Para ele, na balança dessa negociação, o público tem mais poder.

A Central de Atendimento ao Cliente (cat) da TV Globo foi criada na década de 1980. Até 2020, o telespectador podia entrar em contato diretamente com a TV Globo por telefone e, desde o ano 2000, também por e-mail, ainda que a grande maioria dos espectadores interaja por meio das mídias sociais atualmente. De acordo com Oguri, Chauvel e Suarez (2009), entre as sugestões feitas pelo telespectador encontram-se correções de erros de roteiro ou produção (como coerência da ambientação em relação a cenário e figurino) ou relacionados à inadequação na abordagem de temas relativos a associações ou entidades. A CAT recebe também manifestações do público, que faz críticas, elogios, sugestões e denúncias e pede informações variadas sobre a programação. Desde 2011, a TV Globo mantém uma página corporativa no Facebook, www.facebook.com/tv-globo/, com a seguinte mensagem:

> Esta página é um lugar para o nosso público. Comentários, sugestões, críticas e elogios são bem-vindos. Precisamos, no entanto, ter certas regras. Não aceitaremos spam, correntes ou conteúdos inadequados. Nos reservamos também o direito de remover qualquer postagem ou outro material inapropriado.

Em junho de 2023, a página no Facebook tinha aproximadamente 14,24 milhões de seguidores. A Rede Globo tem um perfil no Twitter desde 2008, com 13,7 milhões de seguidores em junho de 2023; 5,17 milhões de inscritos no YouTube; 14,2 milhões de seguidores no Instagram; e 4,3 milhões no TikTok. Ainda assim, até 2020, a emissora manteve o *call center* para quem ainda preferia essa forma de contato. Essas interações não aparecem publicamente nos perfis de mídia social da emissora, a CAT precisa compartilhar a informação para se ter acesso a ela. Durante a temporada 2015-2016 de *Malhação — Sonhos*, a CAT entrou em contato com os autores, eu e Paulo Halm, para relatar uma mensagem que emocionou a atendente e sua supervisora. A mensagem era sobre um enredo, secundário à história principal, de uma professora severa e determinada chamada Lucrécia, que criou a filha adolescente problemática sozinha e, num certo momento, descobre que tem câncer de mama. Esse imprevisto dramático toma conta da vida da professora de maneira avassaladora. Por alguns meses, a narrativa acompanhou a descoberta, a negação, o tratamento e a superação da personagem e dos familiares. A luta contra a doença ao longo da temporada teve inúmeras reações entre os espectadores. Esta é a mensagem da telespectadora recebida pela CAT em 10 de abril de 2015:

> Sou uma grande fã de *Malhação*! Pois é, ao longo dos meus 26 anos, eu vi todas as temporadas. Mesmo com críticas, dizem que sou velha para assistir... Bem, já vi todas as histórias possíveis, mas a de hoje tocou bem fundo, mesmo já sendo um assunto falado anteriormente. Tem 17 anos que minha mãe teve câncer e há um ano ele "voltou" com força. Há 4 meses, minha mãe fez uma cirurgia para retirada do seio esquerdo, foi um dia pesado. E, hoje, eu revivi, em *Malhação*, perfeitamente aquele dia de uma forma mais leve. Enfim, os autores, por mais que já escutem isso, devem se sentir felizes por conseguirem retratar algo tão doloroso de uma forma leve e com um amor sem fim. Parabéns aos

artistas que entregaram a alma por esse papel, pois é preciso. Dizem por aí que "a arte imita a vida", mas bem acho que é a arte que ajuda a gente a encarar a vida.

Essa mensagem é um exemplo do que Fiske (1987) analisou como uma relação intertextual vertical, na qual, a partir do texto principal da telenovela, um espectador produziu um texto (terciário) relacionando a narrativa a uma experiência pessoal. Como um dos autores, gravei uma declaração para ser enviada à espectadora, assim como Helena Fernandes, a atriz que interpretou Lucrécia, agradecendo a mensagem. Além disso, fizemos uma rápida homenagem na telenovela, citando parte da mensagem como se fosse de uma amiga de Lucrécia.

No entanto, o momento que gerou mais repercussão dessa trama que mostrava a luta de Lucrécia contra o câncer de mama, e trouxe uma nova dimensão à relação intertextual vertical, foi a cena em que a atriz Helena Fernandes faz o autoexame diante do espelho. A cena do autoexame foi pensada para ir ao ar justamente em outubro, quando ocorre o movimento mundial Outubro Rosa, com o propósito de conscientizar a população sobre a importância da descoberta precoce do câncer de mama e compartilhar informações com relação à doença.

Os comentários nas redes sociais durante o programa refletiram posições extremas e opostas. Enquanto alguns criticavam ou zombavam da nudez em uma telenovela exibida no fim da tarde para um público jovem, outros apoiaram a iniciativa.

Além disso, provavelmente graças à reação nas redes sociais, essa cena também repercutiu em blogs e sites especializados em televisão, textos que seriam, segundo Fiske (1987), secundários.

O *Notícias da tv*, site ligado ao portal UOL Notícias, publicou um artigo intitulado "Globo exibe seios em *Malhação* às 17h24 e choca os telespectadores" (Castro, 2014). No artigo, Castro escreve que a cena "impressionou os telespectadores nas redes sociais", mas reconhece que a classificação indicativa permite nudez à tarde, desde que não tenha apelo sexual. O artigo que Daniel Castro escreveu sobre a cena do autoexame em *Malhação* ficou aberto a comentários: o texto principal, a telenovela, levou ao texto secundário, a crítica, que proporcionou um ambiente para textos terciários, que são os comentários dos telespectadores. Para participar, é preciso se cadastrar no site, compartilhar dados pessoais e supostamente publicar o nome real. No entanto, muitos participantes usam nomes fictícios, contornando o sistema de identificação. Além disso, como o artigo só foi publicado no dia seguinte, os comentários não foram escritos durante ou logo após a exibição da cena, como no Twitter. Embora as respostas sejam mais elaboradas, houve também uma reação polarizada, assim como no Twitter: Valmir Fabio Versolato, que se identifica como advogado e músico, achou absurdo que a nudez ainda choque alguém no século XXI; Daniel Lindenberg, do norte do estado do Piauí, argumentou que os adolescentes, na opinião dele, a principal audiência do programa, não se importam com o câncer de mama e provavelmente fizeram outra leitura da cena do autoexame; Tina Oliveira Bortuluci revelou que teve câncer de mama e descobriu justamente fazendo o autoexame. Ela fez questão de esclarecer que, para ela, não era uma cena de sexo. No entanto, Daniel Lindenberg apontou que, se uma mulher mostrando o seio é permitido em uma campanha para prevenir o câncer, então "que tal um homem examinar seu PÊNIS para câncer de próstata às cinco da tarde em *Malhação*? É por uma boa causa".

Estudar essa produção intertextual vertical, com textos secundários, assim como publicações em redes sociais, é uma forma de acessar significados dessa circulação e mobilização. Como, por exemplo, o porquê de uma cena que supostamente não tem apelo sexual incomodar tanto. Como já foi observado, a narrativa da telenovela dialoga não apenas com a sociedade, mas também com questões e conflitos da atualidade. Como Sibilia (2008) pondera, o que é obsceno na nudez se altera de acordo com o momento histórico, e hoje testemunhamos forças conflitantes e movimentos de avanço e retrocesso. Para a autora, existe uma dimensão de pornificação (de pornografia) do olhar na era moderna com a secularização do mundo e dos corpos. Kenneth Clark (1987) propõe que existem essencialmente duas formas diferentes de entender e definir a nudez. *Nude* (nu) seria a nudez em sua forma ideal, a inspiração clássica do modelo grego de padrão de beleza. Mesmo que o ideal de beleza tenha se transformado ao longo do tempo, ainda assim é uma forma de arte que não deseja imitar a realidade ou o corpo humano — e sim aperfeiçoar. Já *Naked* (pelado), para Kenneth Clark, seria o corpo humano padrão, não representado artisticamente. É a condição obscena da nudez.

Mesmo que a cena do autoexame tenha tido mais repercussão nas redes sociais e na mídia do que a do hospital na trilha de Lucrécia, como autora, escolhi absorver na telenovela apenas a contribuição que recebi da CAT.

Fiske foi professor de Henry Jenkins. Jenkins (2006, 2013, 2016) é um dos principais autores que discutem o crescente poder das audiências participativas da televisão, cujas opiniões e produções circulam e repercutem nas mídias sociais. De acordo com Jenkins, Ford e Green (2013), as novas ferramentas e plataformas interativas fazem o público não só consumir de forma única o conteúdo originalmente produzido para a televisão, como também produzir novos conteúdos a partir dele. O espectador atualmente se manifesta sobre o conteúdo audiovisual em diferentes redes sociais, participa de grupos de discussão online, produz conteúdos derivados de personagens e narrativas com um imediatismo sem precedentes. A questão é se recentemente o espectador passou a ter uma influência maior nas narrativas das telenovelas, em função das novas ferramentas participativas, em comparação com a influência que o espectador sempre teve, com os gostos expressos por meio de grupos de discussão ou índices de audiência quantitativos, ou ainda o acesso a serviços de atendimento ao cliente, como a CAT.

Para Jenkins, Ito e Boyd, o universo de fãs produtores de conteúdo nasce de fascínio e alguma frustração: "Se você não estivesse fascinado, você não continuaria a se envolver como um fã. Se você não estivesse frustrado, você não continuaria reescrevendo e reinventando." (Jenkins, Ito e Boyd, 2016) Para Lopes e Lemos, é a partir do momento que o espectador começa a se envolver emocionalmente com a trama e a criar laços profundos com a ficção que ele se torna um verdadeiro fã: "Esse fã tenderá a explorar ao máximo aquilo que a produção oferece, conhecerá bem os personagens e o rumo de suas histórias." (Lopes e Lemos, 2019) Para esses autores, em algum momento, o próprio fã se torna produtor quando percebe que a trama pode ser expandida, seja mediante experiências pessoais, seja mediante experiências compartilhadas em comunidades de fãs e redes sociais. A produção de conteúdo pelos fãs, a ampliação do antigo "boca a boca", com a circulação nas redes sociais e plataformas interativas, é um fenômeno do presente, mas os teóricos divergem sobre o real poder desse público conectado.

As trocas entre o telespectador e a emissora — ou os produtores de conteúdo — sempre existiram ao longo da história da televisão. Pesquisando a participação do público nas telenovelas brasileiras desde a década de 1950, utilizando revistas e cartas enviadas para emissoras de TV e atores, Baccega et al. observam a transformação do público da telenovela:

De certa forma, confirmou-se no estudo aqui comentado o pressuposto de que os blogs, as redes sociais e outros ambientes digitais representariam um espaço propício à expansão ao desenvolvimento de um comportamento que começou em uma época quando as colunas de leitores nas revistas (impressas) especializadas e fãs-clubes já constituíam mediadores muito importantes da relação ficcional-simbólico/cotidiano/imaginário. (Baccega et al., 2015)

Baccega et al. (2015) estudam também o suposto aumento da importância do espectador na televisão brasileira. Para os pesquisadores, a audiência de hoje atua como um consumidor de mídia e produtos comercializados, juntamente com o conteúdo narrativo, por meio da propaganda ou do merchandising. A relação entre cultura de fãs e mecanismos de cultura de consumo também é observada por Hills (2002), dado que os fãs são sempre consumidores. O teórico observa que os fãs, portanto, não são mais vistos como irritantes excêntricos, mas, sim, como consumidores leais a serem cortejados. A definição do que é um fã difere de autor para autor: Hills (2002) se refere especificamente aos fãs de seriados com audiências fragmentadas. Apesar de nessa tese serem considerados fãs todos que mantêm uma relação afetiva com a obra, é preciso observar que uma parcela desses fãs dedica um tempo maior circulando suas opiniões nas redes sociais e produzindo conteúdo para plataformas participativas.

Shirky (2010) elabora, com base em suas pesquisas, um paradigma dessa participação, no qual se forma uma pirâmide em que poucos produzem muito conteúdo para muitos, contrapondo-se ao conceito de uma cultura de participação mais horizontal proposta por teóricos como Jenkins (2006), Jenkins, Ford e Green (2013) e Jenkins, Ito e Boyd (2016). Para Jenkins, Ito e Boyd (2016), cultura da participação é aquela em que os valores democráticos e da diversidade em todos os aspectos relativos à interação entre participantes são aceitos, levando-se em consideração que todos somos capazes de tomar decisões, de forma coletiva ou individual, e temos a capacidade de nos expressar de maneiras diferentes. É uma cultura com poucas barreiras em relação à expressão, à produção artística e ao engajamento, que apoia a criação e o compartilhamento dessa criação, além de um equilíbrio em que os mais experientes ensinam os menos experientes. Os membros da cultura participativa acreditam, de acordo com Jenkins, que todas as contribuições são significativas e existe uma conexão social entre elas.

Independentemente do grau de participação, tendo em vista que o modelo de negócio da televisão aberta é apoiado na publicidade, a audiência sempre foi importante — no entanto, a dedicação maior de alguns fãs que ampliam o potencial de repercussão de uma obra em diversas mídias sociais naturalmente interessa às emissoras. Jenkins, Ito e Boyd (2016) observam que existe uma tensão entre essa cultura de fãs e a indústria, da qual os fãs obtêm os conteúdos que lhes interessam. Para esses autores, as comunidades de fãs, além de outros produtores de conteúdo, estão lutando para ter mais acesso a meios de distribuição e circulação.

Existem vários blogs e perfis, em diferentes redes sociais, que dedicam os respectivos tempos à narrativa das telenovelas, registrando novas histórias, personagens e eventos e comparando-os com os anteriores. Baccega et al. (2015) notam que a maioria deles permanece amador, embora possam ter dezenas de milhares de seguidores. As telenovelas sempre receberam atenção da mídia especializada no Brasil, mas as ferramentas sociais aumentam a importância dos comentaristas e críticos amadores. Sérgio Santos, por exemplo, é biólogo e crítico amador, e seu perfil no Twitter (@zamenza) registrou aproximadamente 248 mil seguidores em fevereiro de 2023. Ele também escreve em seu blog e mantém perfis em outras mídias sociais. Recentemente, fã-clubes e críticos amadores, como Sérgio Santos, passaram a fazer parte da estratégia de comunicação para o lançamento de uma nova telenovela. Eles podem ser convidados para a coletiva de imprensa ou fazer parte de um evento online.

Os fãs produzem conteúdo em função do afeto que têm pelo programa, e é esse afeto que faz com que busquem mais conteúdo produzido por seus pares e também pela emissora. A maior parte dos conteúdos produzidos pela emissora requer pouca participação do público, mas há vários exemplos de ações com narrativa transmídia em que essa participação é essencial, seja para a votação, seja para a produção de conteúdo para o programa através de *crowdsourcing*, quando a resposta ou a produção de conteúdo vem do coletivo.

Sobre esse ecossistema criativo em torno da telenovela, Fechine e Figueirôa observam: "O universo interacional acionado pelo projeto não se limita às estratégias propostas pelos produtores e, por isso mesmo, não está inteiramente sob seu controle." (Fechine e Figueirôa, 2015) Esse universo envolveria tanto ações que podem ser compreendidas como uma "resposta" esperada dos consumidores às convocações dos produtores quanto atividades que, vindas desses consumidores-produtores, são inesperadas e até mesmo "desviam" dos seus objetivos.

Na telenovela *Deus salve o rei* (2018), de Daniel Adjafre, por exemplo, os fãs foram convidados a participar da produção de diversas formas, seja visitando os estúdios onde eram gravadas as cenas, seja conhecendo os atores, fazendo parte de workshops, e até participando como figurantes em determinado momento (Gshow, 2018). Havia um entendimento implícito entre a emissora e esses fãs de que eles iriam produzir conteúdo a partir da experiência que ajudaria a promover a telenovela. Mesmo que não haja como controlar o que é compartilhado, os produtores de conteúdo sabiam que uma experiência como essa poderia ser negada pela emissora futuramente, caso a relação fosse conflituosa. De acordo com Jenkins, Ito e Boyd, os produtores buscam controlar esse engajamento tendo em vista os próprios interesses: "Participação implica em parte afiliação, identidade coletiva, ser membro, e, por conseguinte, precisamos repensar o que significa utilizar esse paradigma para a cultura digital contemporânea." (Jenkins, Ito e Boyd, 2016) O uso de uma grande transmissão de conteúdo produzido pelos fãs é questionável eticamente, já que, por um lado, temos amadores e, por outro, empresas corporativas. No entanto, há a crença de que ambos conseguem o que querem: a rede de televisão ganha mídia e os fãs usam conteúdo que pertence à emissora (personagens e enredos) como matéria-prima para suas produções independentes.

Teóricos divergem sobre a real força dos fãs nas plataformas interativas e redes sociais. Baccega et al. ponderam que "o que fica cada vez mais claro é a importância e, diríamos, a força do espectador-receptor, mesmo que eventual fã na economia da indústria cultural midiática" (Obitel, 2015). Por sua vez, Stycer observa que essa pesquisa de Baccega et al. é limitada, apontando que "ainda não há como, no universo digital, ter uma ideia clara sobre quem são os fãs participativos, aqueles que votam em enquetes, postam comentários em blogs, compartilham links em redes sociais" (Stycer, 2016). Segundo ele, "[...] há diferentes grupos, com múltiplos interesses, agindo em meio ao anonimato digital. No caso da programação de televisão, é interessante perceber os movimentos que estes fãs (ou 'militantes') fazem tanto em defesa de uns e de outros quanto o esforço de desqualificação dos rivais" (ib.). Dessa forma, ele justifica o fato de que jovens atores, populares nas redes sociais, conseguem votações expressivas em prêmios com voto popular. É a mobilização de fã-clubes e não um retrato do que o "povo" realmente pensa. "Os resultados, diferentes entre si, têm algo em comum: não devem ser sacralizados como 'a voz do povo', mas sim como a voz de 'algum povo' ou 'alguns povos.'" (ibid.) A diferença entre essas ações, pesquisas e pesquisas formais de audiência é que, nos grupos focais, as classificações são baseadas em todo o público que assiste à telenovela, um termômetro das vendas comerciais e do modelo de negócios baseado em publicidade. Essa audiência não é a mesma que vota nas pesquisas de mídia social ou que produz conteúdo.

Embora o público seja o grande balizador para a permanência e integridade de uma telenovela, novas ferramentas sociais e tecnologias que aumentam a circulação de conteúdo produzido por fãs-produtores ainda não têm uma influência significativa na audiência da dramaturgia diária. No entanto, isso não significa que essas contribuições não possam enriquecer a narrativa ou que esse cenário não possa mudar caso a telenovela se torne um produto de audiência fragmentada e o modelo de negócio televisivo se transforme. Para Eneida Nogueira, as reações nas redes sociais não substituem pesquisas qualitativas e quantitativas:

> Quem está falando na rede social é quem adora ou quem odeia [o programa]. Mas o grupo que não se manifesta tão claramente é o grupo que participa da pesquisa. Acho que é importante ouvir essas pessoas porque são a grande maioria. (Svartman e Nogueira, 2018)

Os números da audiência no minuto a minuto das principais cidades (audiência quantitativa) e as informações garimpadas nas pesquisas qualitativas (*focus groups*) influenciam diretamente as emissoras e produtoras de conteúdo. No entanto, será que, atualmente, uma campanha de fãs na web pode ajudar um programa a ganhar mais audiência e prestígio na televisão aberta? Entende-se que não. No Brasil, a repercussão nas redes sociais não significa grandes números de audiência na televisão aberta. Essa perspectiva faz sentido se considerarmos o modelo de negócios da televisão linear e a audiência da televisão aberta em relação à da internet, no Brasil.

Em 2022, o conteúdo audiovisual teve um alcance de 99,6% da população brasileira, em relação a 98,1% em 2021, nos diferentes dispositivos: "A participação da televisão linear (televisão aberta e PayTV) representou 79% do *share* da audiência domiciliar" (estudo Inside Video 2023). Considerando apenas vídeos consumidos em aparelhos de televisão, o consumo de conteúdo da televisão linear foi de 87%, ou seja, a penetração do conteúdo da televisão aberta, incluídas as telenovelas, continua sendo imensa. Em contrapartida, o país possui uma população multiplataforma. De acordo com dados da Pesquisa Nacional por Amostra de Domicílios Contínua (IBGE, PNADC, 2022), em 2021, o celular continua sendo a principal forma de acesso à internet em 99,5% das casas, mas a televisão já é a opção mais utilizada em 44% dos domicílios. No entanto, isso não significa que os milhões de pessoas que assistem a telenovelas utilizam as redes sociais para comentar o programa. Além disso, a faixa etária das pessoas que utilizam as redes sociais também não necessariamente espelha a audiência que está em casa e assiste a telenovelas na televisão aberta. Enquanto os dados da Kantar Ibope Media (Obitel 2022) mostram que a maior parte do púbico de uma novela no horário das 21 horas é de mulheres acima de 35 anos, de acordo com a OpinionBox/eMarketer, no Brasil, em 2021, 42% dos usuários do Twitter têm entre 18 e 29 anos. Ainda de acordo com dados da OpinionBox/eMarketer, em 2021, o Facebook tem um perfil mais feminino, 53% da base, e essa base tem 50% dos usuários entre 30-49 anos. À primeira vista, parece ser um perfil mais similar ao da audiência da televisão aberta. No entanto, outro ponto importante é que as métricas televisivas que orientam o preço da publicidade consideram apenas os 15 principais mercados para chegar ao pnt (por programa). A Grande São Paulo é o maior mercado de consumo e, portanto, o maior mercado de publicidade. Em 2022, dos 258.821 domicílios das 15 regiões metropolitanas de maior consumo no país, 74.666 estavam em São Paulo, dando a essa região mais peso proporcional no pnt. Uma parte significativa da repercussão de uma telenovela nas redes sociais pode ter origem em regiões que não estão entre os 15 mercados aferidos. Mais uma vez, é preciso levar em conta o modelo de negócio da televisão aberta, apoiado pela publicidade desde o início.

    Para plataformas digitais e canais fechados, uma grande repercussão na internet pode agregar valor ao programa. No caso dos canais a cabo, há um público segmentado que consome esse conteúdo; no caso dos streamings, além do consumo do conteúdo, a aferição não leva em conta os 15 principais mercados, mas, sim, cada usuário; e no caso das plataformas digitais com modelos de negócios baseados em assinatura, é o catálogo, na forma de um banco de dados, que precisa ser atraente para o consumidor. Em entrevista à *Variety*, Francisco Ramos, vice-presidente de conteúdo da Netflix na América Latina, avalia: "A verdade é que nem tudo que a Netflix faz é para todos, mas queremos que todos encontrem algo que gostem." (Lang, 2020) Repercussão na internet, positiva ou negativa, torna-se equivalente à mídia promocional. O risco de rejeição ou cancelamento é diluído não apenas pelo número de títulos em um vasto cardápio de conteúdos, mas também pelo algoritmo da plataforma, que supostamente oferece o que o espectador quer. Não é a audiência massiva do fluxo de programação da televisão aberta que apoia o modelo de negócios.

Nos últimos anos, a Netflix tem buscado conteúdos menos segmentados, populares e com repercussão transnacional. Bela Bajara, diretora global de conteúdo da Netflix, em entrevista para *The New Yorker* (Syme 2023), ao comentar a importância de conteúdos mais populares, fala como as telenovelas na América Latina abriram caminho para audiências em países não hispânicos. Ela compara o produto que a Netflix procura atualmente com um cheeseburger gourmet, oferecendo algo *premium* e comercial ao mesmo tempo. Além disso, a plataforma busca receitas em publicidade, o que fará com que a empresa precise compartilhar dados de audiência e não apenas números comparativos. A convergência de modelos de negócios entre diferentes mídias e plataformas está em curso e é tema do próximo capítulo. Os sistemas de aferição de público, seja pelo PNT, seja pelo usuário, continuam distintos na televisão linear e nas plataformas digitais — portanto, como foi ponderado anteriormente, a repercussão nas redes sociais tem pesos diferentes.

Outro fator crítico é que as emissoras já aprenderam que os fãs de certos personagens ou atores sabem contornar o algoritmo de algumas plataformas de mídia social para chamar a atenção da produção ou dos autores. No Twitter, por exemplo, fãs já perceberam que se eles se comprometerem a postar a mesma hashtag (ou assunto) ao mesmo tempo, ela aparecerá nos *trending topics*, ou assuntos mais comentados. O algoritmo do Twitter "entende" que é um assunto importante, e a "manchete" aparecerá na lista de tendências do momento. Atualmente, cabe ao autor acompanhar (ou não) as críticas e sugestões feitas por meio das mídias sociais, mesmo sabendo que elas não refletem o público real de uma telenovela.

Como o jornalista e crítico Maurício Stycer (2019) observa, celebridades, incluídos atores de telenovela, se tornaram também mídias potentes nas redes sociais. Para conseguir mais seguidores, e assim mais propostas publicitárias, elas precisam interagir com o público, tornando-se personagens da própria vida privada. Assim, uma ação coordenada por fãs pode atingir diretamente esses atores enquanto eles estão no ar em uma telenovela. Como foi observado, isso não necessariamente afeta a audiência da telenovela, mas esses atores podem se sentir pressionados e pedir mudanças à direção.

Além disso, a má gestão de um problema que se torne público pode fazer com que as repercussões saiam do controle. No artigo, Stycer analisa um conflito entre atores da telenovela *Sétimo guardião* (2018-2019) que repercutiu na mídia tradicional e nas redes sociais por intermédios dos fãs. O autor da telenovela, Aguinaldo Silva, decidiu responder com uma declaração pública por meio da qual garantia que a narrativa não mudaria por causa disso. Observa-se também que existe um aprendizado empírico em curso dos atores e dos empresários que os representam, uma vez que o modelo de negócio que envolve as redes sociais faz parte da renda desses artistas.

No próximo capítulo, será abordado o modelo de negócios da televisão generalista que influencia diretamente o formato da telenovela, e a telenovela, a partir do conteúdo, da narrativa e da audiência, como base do modelo de negócios apoiado na publicidade e no consumo. O capítulo analisa, também, as novas possibilidades e os desafios que surgem com as plataformas digitais e o deslizamento de conteúdo entre diversas telas e diferentes mídias. Se a telenovela no Brasil tem como características a longevidade e as audiências massivas, ela só continua a existir porque proporciona lucro para as redes de televisão.

A influência da convergência de telas, novas plataformas digitais e narrativas transmídia no modelo de negócios da telenovela

A telenovela brasileira é um produto comercial da televisão generalista que tem um modelo de negócios bem conhecido, como já dito anteriormente: índices de audiência aliados à credibilidade do produto audiovisual estabelecem um valor para a exploração comercial de uma determinada obra. Nem todos os programas com uma audiência expressiva na televisão atraem anunciantes — é o caso, por exemplo, de programas de notícias com violência excessiva. Como premissa de produção, as telenovelas devem ser atraentes para o público e também para os anunciantes que financiam o conteúdo, gerando lucro para a empresa. Desde o início das redes de televisão no Brasil, a dramaturgia televisiva diária tem essa vocação. Se no início as agências de publicidade supervisionavam as telenovelas e eram responsáveis por espaços na grade televisiva, o modelo de negócios, atualmente, se inverteu e implica a emissora oferecer obras para a exploração publicitária no espaço comercial disponível ou mesmo na própria obra.

Robert Allen (1992) observa que ser um espectador da televisão comercial implica um contrato implícito. As telenovelas se assemelham a uma "dádiva" para o público, já que o sinal de televisão aberta chega sem ser solicitado e gratuito nas casas dos telespectadores. Os comerciais de televisão são algo que vem junto com o presente, mas também são um lembrete de que um anunciante é o responsável por tal presente. Allen observa que pelo menos alguns espectadores devem comprar o produto anunciado — portanto, as condições do contrato implícito não serão realizadas em frente à televisão, mas em uma loja ou em um supermercado. Allen compara o contrato implícito da televisão com o do cinema. Para ele, o público de um filme não aceitaria comerciais porque ele ou ela já pagou pelo ingresso, e nenhuma outra ação, como, por exemplo, comprar um produto, seria esperada dele. No entanto, com a convergência de telas e de modelos de negócios, a separação entre os meios de comunicação não é a mesma de 1992, ano em que o texto foi publicado. Hoje em dia, por exemplo, é comum assistir a anúncios antes do filme nos cinemas e os próprios filmes são um meio de disseminar produtos.

De acordo com a empresa de pesquisa de mercado Nielsen, enquanto *Star Wars: O despertar da força* (2015) arrecadou 2 bilhões de dólares em teatros, as receitas de merchandising foram de 5 a 6 bilhões de dólares (Nielsen Research Institute, 2015). Em 2016, a Mattel, marca do ano de acordo com o evento da indústria audiovisual Miptv, apresentou, em Cannes, sua divisão de conteúdo, que tem por objetivo produzir filmes e criar narrativas a partir dos brinquedos que produz (YouTube, 2016). A empresa compartilhou a informação de que criar narrativas para diversas mídias e telas, incluídos filmes, tornou-se fundamental como estratégia para aumentar a venda de brinquedos. Ao longo deste capítulo, analisaremos os diferentes modelos de negócios de conteúdo audiovisual e como eles convergem atualmente no *ecossistema midiático*. Em 2022, no evento Upfront 2023, dedicado aos anunciantes, o Grupo Globo reforçou a campanha *Do plim ao play*, destacando a audiência semanal de 140 milhões de pessoas no ecossistema da Globo, o qual inclui a televisão aberta, 26 canais por assinatura, streaming e produtos digitais. No evento, a diretora de negócios, Manzar Feres, compartilhou dados da empresa de pesquisa Kantar, os quais revelam que, em um único dia, esse conjunto de canais e plataformas alcança 41% da população brasileira e, em um mês, 87%. Com esses números, o Grupo Globo oferece audiências massivas a anunciantes com base na convergência de plataformas e canais, ou ecossistema midiático.

Ao incluir o aspecto financeiro em suas teorias sobre as novas mídias e plataformas interativas, Scolari (2009) define como ecossistema midiático desde as relações entre os meios de comunicação e a economia até as transformações perceptivas e cognitivas sofridas pelos indivíduos expostos às tecnologias da comunicação. É uma definição mais ampla de convergência na contemporaneidade, que engloba também as narrativas complexas seriadas estudadas por Mittel (2015) e suas relações, em transformação, com o público. Esse fenômeno descrito por Scolari (2009) traz desafios para o futuro do conteúdo audiovisual, uma vez que cada tela — ou plataforma — tem características próprias de espectatorialidade, consumo, interação e, também, um modelo diferente de retorno financeiro.

Atualmente, produtores e distribuidores da indústria do audiovisual planejam conteúdo para diversas telas, possivelmente em diferentes formatos, com o objetivo de maior retorno financeiro. A estratégia de deslizar entre as telas não só aumenta o acesso às obras, mas também atende à crescente demanda do público multiplataforma. Esse deslizamento nem sempre obedece à ordem tradicional das janelas de exibição para o conteúdo. Há alguns anos, um filme, por exemplo, teria como primeira janela o cinema, depois o VOD (*video on demand*), em seguida, a televisão a cabo e, então, a televisão aberta. O filme *Roma* (2018), de Alfonso Cuarón, foi produzido pela Netflix para a plataforma VOD digital e exibido em seiscentas salas de cinema ao redor do mundo, uma distribuição limitada. A maioria das exibições foi gratuita e promocional, uma vez que o interesse da Netflix era principalmente alavancar o filme, o qual foi incluído pela American Film Academy na lista de filmes que concorreram ao Oscar em 2019. *Roma* foi finalista em dez categorias, ganhando o prêmio de melhor diretor, melhor filme estrangeiro e melhor cinematografia. Curiosamente, em entrevista à revista *Variety*, o diretor, Alfonso Cuarón, disse que a melhor maneira de assistir ao filme dirigido por ele é no cinema (*Variety*, 2018).

A pandemia de covid-19, em 2020, acelerou essa tendência de se alterar a ordem tradicional para a exibição de conteúdo cinematográfico, já que filmes feitos para o cinema, como *Trolls 2*, foram diretamente para o VOD. O diretor da NBCUniversal, Jeff Shell (D'Alessandro, 2020), admite que há um segmento crescente da população que não frequenta os cinemas.

O modelo de distribuição e negócios da telenovela também está mudando devido ao ecossistema midiático contemporâneo. Durante a pandemia, a plataforma digital Globoplay anunciou em seu catálogo cem novos títulos de telenovelas do acervo da Globo, trazendo novidades para a distribuição e possibilidades comerciais dessas obras.

Ao analisar tendências e modelos de negócios, também é necessário ponderar sobre conteúdos e narrativas transmídias. Para Jenkins (2006) e Jenkins, Ford e Green (2013), essas seriam as que representam um processo no qual elementos de um universo ficcional são dispersos sistematicamente em diversos canais de exibição, circulação, distribuição de conteúdo, e têm como objetivo criar uma experiência de entretenimento unificada. Idealmente, cada mídia contribui de forma única para a narrativa. Jenkins (2006), porém, observa que existe uma espécie de "nave-mãe" da narrativa, que seria o primeiro trabalho de uma franquia que será desenvolvida. Se esse primeiro texto for apenas reproduzido em outra mídia, ele não será considerado uma experiência de narrativa transmídia. Scolari (2015) define a narrativa transmídia como uma estrutura narrativa particular que se expande por meio de diferentes linguagens — verbais e icônicas, por exemplo — e mídias — cinema, quadrinhos, televisão e videogames. As diferentes mídias e linguagens participam e contribuem para a construção do mundo da narração transmídia.

Para Robert Pratten (2012), em um guia prático para a produção de narrativas transmídia, esse tipo de narrativa possibilita contar a mesma história mediante o uso de múltiplas mídias e, preferencialmente, com um grau de participação ou colaboração do público. O engajamento, segundo o autor, aumenta a satisfação do público e o afeto pelo universo ou história. Para ele, a história precisa ser maior do que a soma das narrativas em diferentes mídias, para que a experiência do espectador seja mais rica e emocionante quando ele acessar o universo criativo total da narrativa. O autor também oferece um modelo de negócios em que diferentes narrativas transmídia deslizam por diversos meios de comunicação, às vezes como uma ação promocional, às vezes com a possibilidade de retorno financeiro.

Mittel (2015), ao escrever sobre a complexidade narrativa dos seriados estadunidenses, observa que essas extensões narrativas não são um fenômeno novo. Mesmo que o termo seja relativamente novo, a estratégia de adaptar, expandir e enriquecer a narrativa em outros meios de comunicação é tão antiga quanto a própria mídia. O autor cita como exemplos pinturas baseadas em passagens da Bíblia e personagens fictícios do século XIX, como Frankenstein, cuja trajetória já foi narrada, transformada e estendida de diferentes formas e em diversos meios de comunicação. Para Jenkins et al. (2013), no entanto, há uma grande diferença entre estender uma narrativa para outros meios de comunicação e reproduzir uma narrativa em outros meios de comunicação. Adaptação é uma forma de recontar a história em outra mídia; ao passo que a extensão busca adicionar algo à história que já existe, pois desliza de uma mídia para outra.

A partir de um primeiro texto, ou "nave-mãe", várias narrativas transmídia secundárias podem ser oferecidas pelos produtores de um programa de televisão no site relacionado ao produto. Como Pratten (2012) observou, essas narrativas transmídia agregam valor ao produto, gerando uma relação de afeto, demanda e satisfação do público. A narrativa transmídia em uma telenovela pode ser o vlog de um personagem específico ou uma websérie, na qual personagens secundários expandem um enredo da história. Podemos citar como exemplo a TV Orelha, uma experiência transmídia na temporada 2012-2013 de *Malhação intensa*, que assinei com Glória Barreto, dirigida por Luiz Henrique Rios, que foi indicada ao Emmy Digital 2014. A TV Orelha é um canal de vídeo na internet sobre um dos personagens da trama. As imagens foram captadas durante a gravação da cena pelo ator que interpretou o personagem, David Lucas. Na telenovela, pequenos trechos desse material apareceram, mas os telespectadores puderam acompanhar o material na íntegra pela TV Orelha.

No caso da telenovela, o primeiro texto que vai ao ar será mais importante para a emissora do que as narrativas transmídia, mesmo que estas ampliem a narrativa e contribuam para o universo ficcional. Seria uma estrutura narrativa transmídia com um centro explícito e um conjunto de narrativas-satélites que a sustentam. Mittel (2015) observa que, no caso da televisão, pode não ser interessante comercialmente o investimento em múltiplas plataformas porque a maior parte do público pode não estar interessada em mais de uma mídia. Shirky (2010) considera que não é apenas o desejo por mais informações que faz um fã — ou um espectador — buscar narrativas transmídia, mas o afeto pela obra original. O espectador deseja mais. No caso da telenovela, a maioria do público está envolvida apenas com a narrativa principal. E é esse afeto pela história e pelos personagens que pode gerar demanda por mais conteúdo, sem interferir no prazer e na experiência de assistir à telenovela na TV dentro do fluxo linear de programação.

No entanto, há outra demanda por narrativas transmídia que não passa por esse desejo de mais informação ou afeto. Como Pratten (2012) apontou, pode haver uma narrativa transmídia em que o principal objetivo seja o retorno financeiro, ou seja, essa narrativa pode complementar o modelo de negócios de um programa de televisão. A telenovela que assinei com Paulo Halm, *Totalmente demais*, por exemplo, teve uma série *spin-off* patrocinada por uma marca de produtos de beleza, que será um estudo de caso no próximo capítulo.

É preciso entender a convergência de mídias por meio da perspectiva do conteúdo e do modelo de negócio. Iremos abordar neste capítulo a relação entre a narrativa da telenovela, seu consumo, o público e o principal modelo de negócios da novela: a publicidade. E fazer uma reflexão de como essa relação pode ser transformada com o deslizamento de conteúdo entre plataformas e as transformações na espectatorialidade.

Conteúdo gratuito

Até hoje, a telenovela conta com um modelo de negócios tradicional, apoiado pelo público e pela credibilidade do trabalho para vender espaços comerciais. A audiência simultânea de milhões de pessoas no país de um capítulo original na televisão, considerando os fusos horários, é parte do valor que a telenovela oferece. A publicidade responde por 60% das receitas da Central Globo de Produção e a área de conteúdo pelos 40% restantes (Góes, 2022). A tendência de perda no mercado publicitário e assinaturas de canais a cabo supostamente é equilibrada pelo aumento de assinaturas da plataforma digital.

Informações divulgadas pela Globoplay antes e durante a pandemia afirmam que as telenovelas, como um todo, nunca saíram do top 10 de conteúdos mais vistos da plataforma, a qual inclui séries e filmes, originais e internacionais. Kogut (2021) divulgou que a campeã de audiência da plataforma até agora é

Mulheres de areia (1993), de Ivani Ribeiro, que no primeiro mês no ar contabilizou 4.965 milhões de horas consumidas. Dessa forma, Kogut observa que "isso evidencia a força que o gênero tem no Brasil, mesmo entre o público jovem da internet". Além disso, de acordo com Kogut (2020), o Viva, canal de televisão a cabo que reprisa telenovelas, lidera a audiência na TV a cabo: "As pessoas nostálgicas comemoram. Os fã-clubes também são ressuscitados (nas redes sociais). Todo mundo sabe o resultado dessas histórias, mas isso não diminui seu poder para atrair espectadores." De acordo com a Kantar Ibope Media (Lopes e Gomes, 2020), entre os dez conteúdos de ficção audiovisual mais discutidos em plataformas digitais no país, em 2019, nove foram telenovelas. A Globoplay já disponibiliza gratuitamente a transmissão online da programação linear da TV Globo e de canais fechados do grupo. As telenovelas comprovam ter seu valor como parte do cardápio oferecido pela Globoplay para assinatura, gerando, assim, uma nova forma de lucrar com esse conteúdo. Por isso, é preciso ressaltar que o compartilhamento gratuito de capítulos pelos fãs é um problema.

 A maioria dos canais de televisão usa ferramentas de identificação de conteúdo, como uma espécie de impressão digital de vídeo, para remover material pirateado de sites de compartilhamento gratuito. O objetivo é concentrar e controlar o público em telas planejadas por produtores e distribuidores. É uma tarefa difícil à medida que novos sites de compartilhamento de conteúdo surgem constantemente. A quantidade de conteúdo compartilhado faz com que questionemos se é possível combater o que já se tornou uma prática cultural da sociedade. Toda uma geração já está habituada a encontrar o conteúdo que deseja, sempre que quiser, sem se preocupar se o compartilhamento é legal ou não. Alguns países são mais rigorosos que outros nesse assunto, mas no Brasil, apesar de ser um procedimento ilegal, não há repressão significativa à prática. Uma exceção foi em 2023, quando houve a apreensão e o bloqueio do sinal de milhões de caixas de TV box não verificadas que decodificavam clandestinamente e transmitiam canais de TV por assinatura e streaming. O compartilhamento de conteúdo pode ser entendido por alguns como um ato de liberdade ou, do ponto de vista de uma corporação, como pirataria.

Yochai Benkler (2016) escreveu sobre graus de liberdade e poder na atualidade, tendo como pano de fundo restrições e possibilidades da internet. Ele chama atenção para o poder da plataforma Netflix, cujo modelo de negócio é o de assinatura de cardápio de conteúdos, que pressionou o consórcio World Wide Web (W3C)[3] a adotar o Digital Rights Management (DRM)[4] como padrão para o HTML,[5] uma forma de inibir a pirataria em

---

3. Comunidade internacional que desenvolve padrões com o objetivo de garantir o crescimento da web.

4. DRM é um conjunto de tecnologias de controle de acesso para restringir o uso de hardware proprietário e obras protegidas por direitos autorais. DRMs são formas de controle que já existiam, por exemplo, em 1996 para proteger DVDs por um algoritmo de criptografia para o conteúdo.

5. HTML é uma linguagem de marcação para a World Wide Web e é uma tecnologia-chave da internet.

conteúdo transmitido por streaming. Desse modo, a empresa agora controla quem pode e quem não pode ver seu conteúdo. Mais do que uma questão de legitimidade ou legalidade, Benkler (2016) constata que é uma questão de poder por meio da tecnologia. Para o pesquisador, há um novo equilíbrio de poder cultural e o fim de um dos mecanismos que faziam da internet um lugar de descentralização social, econômica e cultural. Para Benkler (2016), estamos assistindo à internet se tornar, em vários aspectos, principalmente no que se refere a controle, uma mídia de massa. Como já foi observado, alguns países são mais rígidos que outros em tentar controlar essas práticas, mas sempre existem formas de resistir e burlar esse controle.

É preciso observar que o compartilhamento gratuito de conteúdos comerciais nem sempre é feito por pessoas que visam ao lucro. Lessig, no entanto, defende que, além da cópia de produtos com fins lucrativos, há outra forma de apropriação: "Muitos tipos de pirataria são úteis e produtivos, no sentido de produzir conteúdos novos ou novas formas de negócios." (Lessig, 2005, tradução nosssa) O advogado se refere, por exemplo, a djs que usam trechos de músicas ou acordes para elaborar novas músicas. Messias (2015), apesar de reconhecer o discurso hegemônico da ilegalidade, aborda atos de pirataria comercial por outro viés, o do campo de lutas e expressão de subjetividades.

As televisões e empresas produtoras de conteúdo não podem — nem devem — assumir que toda pirataria é feita por inimigos a serem combatidos a todo custo sob pena de alijar parte do seu público. Fãs podem produzir conteúdo original a partir de trechos de telenovelas por afeto, por exemplo, e ajudar, inclusive, a divulgar a obra, como veremos mais adiante. Mas, ao mesmo tempo, é difícil para uma corporação criar estratégias diferenciadas em sites de compartilhamento de conteúdo. As várias estratégias que existem para contornar mecanismos de repressão ao compartilhamento de conteúdo usam recursos como alterar ligeiramente a imagem para que ferramentas de combate à pirataria não as reconheçam, por exemplo, borrando as bordas ou ampliando as imagens.

Muanis (2018) considera que a prática de *binge-watching* surgiu do visionamento de dvds legais e piratas de seriados e também do download ilegal de episódios, seguido de uma maratona de exibição pelos espectadores. Um novo modelo de distribuição baseado nessa fruição do conteúdo audiovisual adquirido de forma ilegal foi absorvido pelo negócio das plataformas digitais.

Graziela (2007), escrevendo sobre fansites, observa que a lógica de compartilhamento de programas, em que fãs fornecem links para visualização ou para o download, e de informações relacionadas aos personagens, ao universo da série e aos derivados é justamente uma lógica de compartilhamento baseada na dádiva.[6] Quanto mais um fã contribui, mais será reconheci-

---

6. Apesar de estar sendo usada a mesma palavra, "dádiva" não é utilizada aqui no mesmo sentido dado por Allen (1992) ao comentar o pacto entre o público e a televisão aberta. Na acepção de Allen, a "dádiva" se aproxima de um benefício, enquanto aqui se aproxima do sentido de oferta.

do. O antropólogo Mauss, ao estudar características de trocas e contratos no que chama de sociedades arcaicas, sugere que adotemos como princípio o que sempre foi e sempre será: dar de maneira livre e obrigatória, dando tanto quanto tomamos, sempre retribuindo. "Uma parte considerável da nossa moral e da nossa própria vida permanece estacionada nessa mesma atmosfera em que dádiva, obrigação e liberdade se misturam." (Mauss, 2004) Essa relação entre fãs, o dar e o receber mencionado por Graziela (2007), que tem pontos em comum com as trocas mencionadas por Mauss e o conceito de dádiva, exclui da negociação os produtores de conteúdo e detentores dos direitos da obra pela qual se tem afeto.

Os fãs produzem e compartilham conteúdo mirando outros fãs assim como eles, não há intenção de chamar a atenção da emissora de televisão. O afeto dos fãs ao universo fictício não é necessariamente transferido para os produtores.

Graziela (2007) estuda o conflito entre fãs que compartilham os programas que amam e os produtores que tentam de todas as formas impedir que isso aconteça, inclusive com ameaças. A pesquisadora cita como exemplo uma série estrangeira que estava sendo negociada para ser exibida no Brasil e o embate dos produtores estrangeiros com os fãs brasileiros que compartilhavam links dos episódios em redes sociais. Para as emissoras e produtoras, sempre foi muito importante a preservação da primeira janela de exibição e, depois, a exploração do conteúdo em outras janelas, além das reprises, o que se chama *syndication*. Enquanto a audiência e as vendas por janelas/territórios forem parte do modelo de remuneração da obra, existirá um desequilíbrio de interesses entre os fãs e os produtores, o que causará atritos.

Um modelo de negócios antigo ou único?

Em 7 de junho de 2014, *The Economist* publicou o artigo "Globo dominando: a maior empresa de mídia brasileira cresce com um modelo de negócio antigo". No texto, a revista demonstrava perplexidade com o modelo de negócios "antiquado" de uma das maiores emissoras do mundo e, especialmente, com o público que a televisão aberta ainda consegue atrair:

> Quando a Copa do Mundo começar no dia 12 de junho no Brasil, dezenas de milhões de brasileiros vão assistir às festividades na TV Globo, a maior emissora de televisão do país. Mas, para a Globo, será apenas mais um dia de grandes audiências. Não menos de 91 milhões de pessoas, um pouco abaixo da metade da população, sintonizam o canal diariamente: a espécie de audiência que nos Estados Unidos da América só acontece uma vez ao ano e apenas no canal de televisão aberta que comprou os direitos naquele ano para o Super Bowl, o campeonato de futebol americano.

O artigo avalia que os grandes estúdios de gravação da TV Globo, com atores e equipe contratados, lembram a era de ouro de Hollywood, símbolo da indústria do cinema estadunidense. Além disso, é um negócio baseado nos grandes índices de audiência aliados à publicidade. O fato de as telenovelas durarem alguns meses e terminarem, sem *prequel* ou *sequel*[7] (ou *spin-off*), ou seja, sem a antecipação ou continuação da narrativa, também é visto como sinal de um formato antigo de teledramaturgia pelo texto de *The Economist*. Em um depoimento à revista, Roberto Irineu Marinho, empresário, acionista e então presidente do Grupo Globo, diz que monitora os acertos e desastres das emissoras estrangeiras como aprendizado e que, para ele, o fato de as tendências e mudanças na mídia demorarem mais a chegar ao Brasil é visto como uma vantagem. A estratégia da emissora não é forçar a mudança de hábitos dos milhões de brasileiros que ainda ligam as televisões em casa e assistem de forma tradicional ao bloco de telenovelas e jornalismo do horário nobre, mas estar preparado para possíveis transformações no mercado.

Para refletir sobre a televisão brasileira atual, é preciso avaliar se o modelo está realmente atrasado ou se é único e, com isso, analisar a força da telenovela brasileira, responsável por esse fenômeno de persistência de um público de massa fiel ao

---

7. *Prequel* expande o universo da história para antes dos acontecimentos retratados na obra e *sequel* é a continuidade da narrativa após o término da obra.

conteúdo de ficção televisiva, as características narrativas desse formato, históricas e culturais, as transformações e extensões narrativas recentes.

O Brasil tem cinco emissoras de televisão aberta privadas e duas emissoras públicas. Apesar de milhões de brasileiros ainda assistirem à televisão aberta em horário nobre, em 2021, o país tinha vinte canais de televisão paga, 92 plataformas OTT/VOD, sendo que cinco estão ligadas à televisão aberta, 31 à televisão paga, oito estão ligadas a companhias de telecomunicação e 48 não têm vínculo com redes de televisão (Lopes e Gomes, Obitel, 2022).

O termo OTT (*over the top*) originou-se durante a Primeira Guerra Mundial e significava a ordem para deixar as trincheiras e lutar diretamente contra o inimigo. Atualmente, designa serviços de vídeos entregues diretamente ao consumidor por meio da internet. Em 2021, 64% dos brasileiros assinaram algum serviço de streaming (Mobile Time/Opinion Box). A Netflix, disponível no Brasil desde 2011, é o serviço mais popular do Brasil, assinado por 81% dos brasileiros que pagam por serviços de streaming de filmes e séries.

Mesmo com uma população multiplataforma, não é incomum que a telenovela das 21 horas atinja 35 pontos de audiência. Em 2022, cada ponto equivalia a 258.821 domicílios e 713.821 telespectadores no PNT, que estima a audiência da televisão aberta em 15 dos principais mercados do Brasil. Portanto, um capítulo com 35 pontos significa uma audiência média de mais de 24 milhões de pessoas. Um estudo da Kantar Ibope Media (Inside Video 2021) mostrou que o consumo de vídeo linear e de vídeo não linear se complementa no Brasil — 72% das pessoas assistem à televisão e a vídeo online em um mesmo mês. O artigo de *The Economist*, de 2014, admite que as previsões sobre o fim da audiência em massa da televisão aberta brasileira existem há duas décadas sem, de fato, se materializarem. Assim, as mudanças e transformações pelas quais a maioria das redes de televisão está passando na Europa e nos Estados Unidos não irão ocorrer, necessariamente, da mesma forma no Brasil. Os brasileiros não trocaram um meio por outro, mas adicionaram as novas plataformas à rotina.

As empresas de mídia usam as redes sociais para promover produtos e buscar a interação e participação do público na programação. Por um lado, há um esforço para controlar a leitura do conteúdo ou textos primários que são ampliados por ferramentas sociais; por outro, há experimentação e aprendizado de um novo componente de mercado que influencia diretamente o modelo de negócios da empresa.

Catherine Johnson (2019) analisa os sistemas de controle da indústria audiovisual na transição das indústrias de televisão nativas para plataformas digitais. Para Johnson (2019), existem quatro dimensões de controle: infraestrutura tecnológica, dispositivos tecnológicos, serviços de televisão online e conteúdo para televisão online. A autora estuda como o controle da tecnologia pode moldar nosso acesso aos serviços, como o controle dos serviços pode impactar o sucesso dos dispositivos e como o controle do conteúdo também pode ter impacto sobre o sucesso dos serviços. Em comparação com corporações digitais nativas como Netflix, YouTube e Amazon Prime, as emissoras de televisão brasileiras têm como pontos fortes o volume de conteúdo e afeto já construídos e, como desafios infraestrutura tecnológica e serviços online. Para a autora, corporações nativas digitais seriam aquelas que entregam serviços online, têm como origem uma TV online para o ecossistema da internet e passaram recentemente a produzir conteúdo.

Apesar da popularidade das telenovelas na plataforma Globoplay, o modelo de negócios da telenovela brasileira permanece prioritariamente baseado na publicidade da televisão aberta. No entanto, existem experiências recentes como *Verdades secretas II*, de Walcyr Carrasco, e *Todas as flores*, de João Emanuel Carneiro, com menos capítulos que uma telenovela da televisão aberta e publicação por blocos desses capítulos. Ricco e Vannucci observam que "a publicidade e a televisão estabeleceram linhas paralelas de crescimento e forte relação entre um e outro" (Ricco e Vannucci, 2017). Na TV Globo, o principal produto comercial de hoje é a "telenovela III", que vai ao ar logo após o *Jornal Nacional*, telejornal veiculado em horário nobre por volta das 21h30, com uma audiência engajada de mais de 24 milhões de pessoas diariamente nos 15 principais mercados (se somarmos todos os espectadores que assistem a pelo menos uma parte do conteúdo, ou mesmo a penetração no país como um todo, esse número aumentaria expressivamente).

A TV Globo oferece diversas oportunidades aos anunciantes interessados em expor marcas e produtos e associá-los à narrativa da telenovela. Recentemente as ofertas consideram não apenas ações dentro da novela ou durante o break na televisão aberta, mas também oportunidades em todo o ecossistema midiático do grupo: tv, digital e redes sociais. Essas ações, dentro da lógica comercial, possibilitam produzir esse conteúdo para a televisão e torná-lo rentável. No recorte dessa pesquisa, o interessante é ponderar sobre como o público entende e reage a essas intervenções publicitárias e como o consumo e a publicidade da telenovela se entrelaçam nessa narrativa.

O consumo da teledramaturgia brasileira

Quando uma telenovela é bem-sucedida do ponto de vista do público, significa que o interesse dos anunciantes será maior e a empresa lucrará com o produto. Pesquisas qualitativas e quantitativas são feitas ao longo da exibição para aumentar as possibilidades de que isso aconteça, como vimos antes. A audiência quantitativa é medida diariamente, enquanto a pesquisa qualitativa (*focus group*) é feita, em geral, após um mês da estreia da novela. Como já foi observado, é nesse momento que se abre a possibilidade e a oportunidade de se modificarem os rumos da trama e as características dos personagens, revertendo algum problema e, consequentemente, ampliando a identificação do espectador com estes. Almeida (2001, 2002) afirma que a telenovela, ao retratar diversos estilos de vida, educa para uma sociedade de consumo. Lívia Barbosa (2004) ressalta que toda sociedade consome, mas que "sociedade de consumo" não é a mesma coisa que "cultura do consumo", uma das definições para a sociedade ocidental atual. A abordagem crítica do consumo sobressai, mas há também a percepção de que o consumo pode ser um ato de liberdade, de escolha. Estes são parâmetros pelos quais a identidade, em transformação, se expressa. Para acompanhar esse raciocínio, Rocha (2005) observa que o consumo é central no cotidiano, pois se trata de uma estrutura de valores e práticas que regula as relações sociais, constrói identidades e define mapas culturais. O consumo, para ele, é o exercício de um sistema de classificação mundial. Colin Campbell (2006) argumenta que a identidade é também a reação dos consumidores aos produtos que desejam, não aos produtos em si.

Em um capítulo de telenovela, durante o intervalo comercial, milhões de espectadores são expostos a marcas, práticas e estilos. A narrativa provoca e amplia o desejo de consumo, construindo identidades e estimulando anseios e desejos por meio de suas tramas, seus conflitos e seus personagens. De acordo com a Globo Tracking — Ad Services, a partir do material compartilhado pela empresa durante o evento para o mercado Upfront 2023, com o intuito claro de atrair anunciantes, 82% das pessoas afirmam que a telenovela é uma vitrine importante, 74% dizem que passam a considerar comprar as marcas que veem nas novelas e 74% têm a intenção de consumir as marcas que veem nas ações.

Em contrapartida, se assumirmos que o público não é passivo e que a leitura final de um texto é do espectador, cada pessoa irá se identificar — se isso acontecer — de forma única com o produto exposto. Mesmo que a narrativa seja absorvida de forma massiva, a recepção é necessariamente singular, o que corrobora as teorias que associam o consumo à identificação, aqui aplicadas à telenovela.

Segundo Campbell (2001, 2006), existe um ingrediente romântico na cultura que desempenha papel crucial no consumismo moderno. Ao contrário do hedonismo tradicional, relacionado ao consumo de prazeres, o hedonismo moderno traz um deslocamento da preocupação primordial das sensações para as emoções. Uma novela sobrevive justamente de emoção, do conflito e da identificação do público com os personagens, a trama e o universo retratado. Para Almeida (2002), a associação entre mulheres, consumo e emoção é parcialmente responsável pelo sucesso comercial das telenovelas, "um programa pensado igualmente como feminino e que cria identificações de ordem afetiva com seus espectadores" (Almeida, 2002); e, de acordo com Campbell (2001), o imaginário é o caminho para a busca dessa emoção e desse prazer. O consumidor imagina suas satisfações por meio de devaneios, e, dessa forma, a telenovela se torna uma espécie de condutor ou inspiração para tais devaneios. Se o consumidor moderno expressa na realidade o que já desfruta na imaginação, a televisão e a sua relação única com o espectador só ampliam essa experiência.

Em *Totalmente demais*, por exemplo, a personagem interpretada pela atriz Juliana Paes é Carolina Castilho, uma mulher de origem humilde que se tornou diretora de redação de uma das principais revistas femininas do país. Roupas ou acessórios que a personagem usasse na televisão se tornaram objetos de desejo.[8] A atriz também é uma das principais estrelas da emissora e representa diversas marcas, desde produtos de beleza até bancos. O carinho e a admiração pela atriz e a sedução da personagem, com fortes características aspiracionais e de identificação do público, foram ingredientes que contribuíram para transformar tudo o que Carolina usava em objeto de desejo, que prometia uma satisfação imaginária.

Morin (1989) pesquisa a relação entre estrelas de cinema e a complexidade da dimensão subjetiva que os fãs constroem em torno de seus ídolos. Ele discute como nasce uma estrela, ou seja, qual sistema transforma uma pessoa em um ídolo e como a estética cinematográfica do cinema clássico narrativo colabora para esse propósito. As telenovelas têm uma estética mais naturalista do que o cinema citado por Morin. No entanto, a

---

8. http://noticias.bol.uol.com.br/ultimas-noticias/entretenimento/2015/11/11/figurino-de-juliana-paes-em-novela-ja-e-o-mais-desejado.htm.

dimensão do fenômeno estudado por ele, o qual dialoga com as estrelas da televisão, é a de amor e projeção/identificação do espectador com a personagem e a posterior imitação de penteados, figurinos etc. Para Morin (1989), a alma é precisamente o lugar de simbiose no qual o imaginário e o real se confundem e se alimentam um do outro. Na rede social Twitter é possível encontrar algumas dessas reações mediante o uso de ferramentas de busca. Reproduzo alguns desses tuítes de 2016 e 2020 — a telenovela foi reprisada em edição especial durante a pandemia de 2020, com maior audiência do que a primeira exibição.

@machadoomari 31de maio de 2016: Pra mim, a coisa mais maneira em *Totalmente demais* foi o figurino da Carol Castilho, na boa tava muito kim!!!

@carol_arj 12 de abril de 2016: Só queria ter o guarda roupa da Carolina em *Totalmente demais*.

@guesdriRoMilena 30 de maio de 2016: eu só queria todo o figurino da Carolina Castilho, TODO!

@karollink 10 de maio de 2016: gente, olha que tudo essa pulseira/anel que a Juliana Paes usou na novela! Uma nova tendência...

@SangSimasFRV Eu não aguento o figurino da Carol, queria tudo #Totalmente Demais.

@RenataRibeiro 8 de outubro de 2020: #TotalmenteDemais o q mais vou sentir falta são os óculos de sol da Carol. Parabéns p qm assinou o figurino da personagem.

@Nessa_Albino 10 de abril de 2020: Eu AMO o figurino da Carol. AMO. #TotalmenteDemais.

Se, de acordo com Campbell (2001), a realidade nunca poderá proporcionar prazeres perfeitos ligados aos devaneios, já que usar a pulseira ou a roupa da personagem jamais transformará a espectadora na Carolina Castilho ou na atriz Juliana Paes, cada compra leva literalmente à desilusão. O desejo e a necessidade de ter aquele produto se extingue, mas o que não se extingue é o anseio fundamental que o devaneio gera. A tensão entre ilusão e realidade cria o anseio como costume permanente. Como foi observado, a teledramaturgia, além de ser um condutor para a fantasia, pode ampliar os devaneios imaginários. A pulseira ou os óculos ou a peça do figurino da personagem de Juliana Paes darão lugar a outros produtos.

A TV Globo não vendeu diretamente nenhuma das roupas ou joias dos personagens, embora o espectador pudesse facilmente encontrá-los na internet e nas muitas lojas que anunciavam os produtos. No entanto, a publicidade por meio do merchandising é possível. Lopes e Gomes (2019) investigam o merchandising inédito em *Segundo sol*. Por meio de uma parceria entre a emissora e uma rede varejista de móveis e eletrodomésticos, a telenovela ofereceu a possibilidade de comprar móveis e utensílios que apareceram na trama. O projeto de merchandising também teve ações que envolveram o programa matinal *Mais Você*, a exposição dos cenários nas estações de metrô e de trem de São Paulo, o uso do nome e da marca telenovela em plataformas digitais e outlets, além de uma campanha televisiva.

Ações de merchandising de produtos são comuns em uma telenovela. Essas ações costumam não ser discretas; pelo contrário, a televisão tem uma linguagem pleonástica e as ações de merchandising seguem essa natureza. O espectador não rejeita uma ação como essa, mesmo quando a narrativa deixa de fluir naturalmente para atender às demandas da ação publicitária. É uma prática estabelecida e conhecida da audiência.

No caso de *Totalmente demais*, a empresa de cosméticos Avon fez diversas ações de merchandising. Muitas atrizes que participaram da trama tinham contratos com empresas concorrentes de produtos de beleza, o que as impedia de participar. Por isso, uma das ações de merchandising acabou sendo realizada pelo ator Humberto Martins, que interpretou Germano, dono de uma marca fictícia de cosméticos.

A cena proposta pela equipe comercial, aprovada pelo cliente e adaptada para a trama pelos autores, envolvia o personagem Germano (vivido por Humberto Martins) passando um rímel da Avon: um funcionário da fábrica no qual Germano trabalhava entrava na sala do patrão justamente no momento em que ele aplicava o produto nos olhos, e Germano, então, explicava que, como presidente de uma indústria de cosméticos, a fictícia Bastille, era dever dele experimentar o produto do concorrente para ver se era bom. A ação foi muito bem-sucedida e a empresa pediu ações semelhantes com o personagem usando outro produto — dessa vez, um batom.

O pacto entre o público consumidor da televisão e a obra inclui o entendimento de que o modelo de negócios da televisão contém a visualização de comerciais dentro e fora da trama. Esse modelo não afasta o espectador do principal produto que ele consome e deseja quando assiste a uma telenovela: uma boa história que provoque o imaginário, os sonhos e anseios da pessoa. Ao mesmo tempo, há uma expectativa de que parte dessa audiência cumpra as condições implícitas do pacto entre televisão aberta, anunciantes e telespectadores, consumindo não apenas narrativas, mas também produtos.

Novos modelos ainda em transformação

Caldwell (2004) destaca que as grandes redes de televisão norte-americanas aprenderam com os erros quando ignoraram a chegada da TV a cabo. A perda de audiência e principalmente de exclusividade, de acordo com o autor, fez as networks americanas investirem estrategicamente na pesquisa e no aprendizado sobre as possibilidades da internet, sobre a programação não linear e sua relação com a televisão. Como observa Scolari (2009), a convergência midiática, além de ser um fenômeno econômico cultural e tecnológico, admite uma conjunção epistemológica. Grandes grupos de comunicação no Brasil e no mundo — que durante muito tempo dominaram os principais e únicos canais de transmissão — investem em pesquisas sobre novos formatos e em novas tecnologias de captação e transmissão impulsionados por empresas nativas digitais. As grandes corporações fazem também experiências que envolvem conteúdo diferenciado e novas formas de transmissão e de relação com o público. Além disso, buscam outros modelos de negócios que possibilitem ganhos em múltiplas telas e plataformas.

Cada vez mais a fronteira entre empresas nativas da era digital e as emissoras de televisão se aproximam quando o assunto é consumo de vídeos e publicidade. Elas agora são competidoras. As emissoras de televisão tentam absorver anunciantes que migram para plataformas digitais — no entanto, a publicidade como fonte de financiamento não é uma novidade para a televisão aberta, mas para o VOD (vídeo sob demanda) é. Recentemente, a Netflix lançou no Brasil o novo plano de menor preço acompanhado de anúncios. Em dezembro de 2022, a Kantar Ibope Media anunciou publicamente a Netflix como cliente para medição de audiência no país. Em outros países, a HBO Max e a Disney+ também já trabalham com esse modelo híbrido de assinatura.

Nos últimos anos, todas as principais redes de televisão do mundo lançaram plataformas digitais que oferecem conteúdo próprio no ambiente online. Quando as redes investem em plataformas digitais próprias, elas também ajustam a estratégia para proteger seu modelo de negócios, que depende da publicidade e da atração de anunciantes para mais de uma janela de exibição. Não faz muito tempo, as operadoras de TV a cabo e satélite eram ameaças significativas à audiência da televisão aberta, antes do fenômeno de corte gradual de assinaturas da pay tv. Essas empresas também começam a buscar assinantes para suas plataformas digitais independentes e já têm espectadores acostumados a um modelo de negócios que mistura assinatura e publicidade.

A plataforma digital Globoplay foi lançada em 3 de novembro de 2015, juntamente com o "capítulo zero" de *Totalmente demais*, (Globo, 2015). O capítulo zero foi um prólogo do primeiro capítulo exibido na televisão aberta e teve aproximadamente 800 mil visualizações no lançamento. Ana Bueno, diretora de internet para o entretenimento da tv Globo na época, foi quem sugeriu a iniciativa que foi abraçada por autores, atores e equipe. Apesar de ser um produto ligado a uma grande empresa comercial, a decisão da equipe de participar ou não do capítulo zero foi pessoal. Não havia modelo, prática ou exigência contratual para a participação da equipe criativa no conteúdo estendido da telenovela na época. Apesar do sucesso e da resposta positiva da mídia, o capítulo zero acabou funcionando como uma peça promocional. Havia a preocupação em não canibalizar a audiência do final da telenovela ainda no ar, *I love Paraisópolis* (2015). Portanto, o capítulo zero foi ao ar somente após o último capítulo da novela anterior, primeiro na internet e depois durante o fim de semana antes do primeiro capítulo de *Totalmente demais*, na segunda-feira.

Atualmente, uma parte da cobertura dos bastidores das telenovelas para as redes sociais da tv Globo e também para o site da telenovela é feita pela própria equipe. Além disso, a exigência para não fotografar cenas e bastidores foi retirada em 2017, pois a intenção agora é justamente que o material circule, contanto que não antecipe informações estratégicas para a divulgação, como cenários e participações especiais. Não existe monetização desse material, mas o que era uma prática de atores e equipe inibida pela televisão se tornou em pouco tempo material promocional do conteúdo. A maioria dos principais programas e emissoras do Brasil já tem páginas para fãs e vídeos promocionais no YouTube e no Facebook e perfis no Twitter, no Instagram e em outras redes sociais. O público interage com esses perfis e fóruns, participa e, principalmente, compartilha opiniões e também uma produção própria de conteúdo.

É preciso observar que existe uma diferença entre registrar o que está acontecendo no estúdio de gravação e criar e produzir uma narrativa transmídia exclusiva para uma obra, como foi o caso do capítulo zero. No entanto, apesar de todas as experiências de narrativa transmídia da telenovela e a participação da equipe no registro dos bastidores da obra, as iniciativas que permanecem são as que se mostram financeiramente rentáveis ou as que promovem a obra e tem o potencial de atrair mais audiência para a telenovela.

Até o momento, existem quatro grandes modelos conhecidos de monetização de produtos audiovisuais em qualquer plataforma, digital ou não: a publicidade, em suas várias formas; o *syndication*, ou venda da obra para outras plataformas e empresas de distribuição e/ou exibição; o licenciamento e a venda de produtos, que fazem parte do universo narrativo; e a venda direta do produto ao consumidor, seja por ingresso, assinatura de cardápio de conteúdo, seja por demanda. Pondero que um quinto modelo de monetização, associado às plataformas digitais, vem crescendo: conteúdo cujo objetivo seria atrair usuários para a construção e posterior venda de um banco de dados.

Licenciar mercadorias é uma estratégia que muitas séries de televisão com temporadas anuais já perseguem. No Brasil, não é novidade. O canal fechado infantil Gloob, integrante do Grupo Globo, por exemplo, já oferece diversos produtos ligados às suas séries de longa duração, desde mochilas a pacotes de maçãs. Uma das dificuldades de explorar o licenciamento de produtos de telenovela é justamente o formato. A janela de exploração de mercadorias tem de coincidir com a exibição que tem, em média, de cinco a seis meses de duração. Depois desse prazo, a novela sai do ar e todos os esforços da emissora irão para a promoção da próxima telenovela.

Syndication, uma das formas de monetização de vídeos, também não é uma novidade para as redes de televisão, muito menos para as telenovelas brasileiras que são exportadas para o mundo todo. Filippelli (2020) conta, em seu livro, como foi a experiência de levar as telenovelas da TV Globo para outros países a partir de 1976. A estratégia para inverter o fluxo transnacional de conteúdo foi modificar os formatos, diminuindo capítulos e trabalhando ao lado de interesses políticos. Ele relata também a recepção das novelas nos diferentes países. No entanto, muitas emissoras venderam conteúdo para otts digitais, como a Netflix, sem prever que estariam competindo diretamente com suas futuras plataformas digitais. Além disso, à medida que a convergência de telas e mídias se torna uma realidade, é necessário proteger territórios em todas as mídias. *Totalmente demais* foi vendida para mais de cem países e territórios, entre eles, os Estados Unidos, a Índia, Israel, o Oriente Médio, a Alemanha, a Geórgia, o Uruguai, o México e o Chile, tanto para estações de televisão aberta quanto a cabo. O modelo de negócios de assinatura deve proteger os territórios dessas vendas.

A Netflix começou como distribuidora de conteúdo, primeiro por videolocadoras, depois online, e, atualmente, tem um investimento significativo em produção de conteúdo. A Netflix já produziu conteúdo original em mais de 17 países, entre eles, a Alemanha, a Índia, o Japão, o México, o Reino Unido e o Brasil, e fez um investimento de 17 bilhões de dólares em conteúdo, em 2021 (Low, 2021). Catherine Johnson (2019), que estuda o efeito de plataformas digitais globais, como Netflix e Amazon, observa que há uma dimensão de horizontalização do conteúdo. Na opinião da autora, na busca por obras transnacionais, que atraiam audiência em mais de um país, esses conteúdos acabam perdendo a singularidade cultural do território. Nessa busca por conteúdos transnacionais, a diretora de conteúdo da Netflix, Bajara (Symes, 2023), admite, no entanto, que o sucesso da série sul-coreana *Round 6* foi uma surpresa. No entanto, a oferta de conteúdo diverso é apenas uma dimensão da entrada de empresas nativas digitais transnacionais no Brasil.

Como já foi observado, não apenas novas práticas de espectatorialidade, mas também os novos modelos de negócios, avançam mais rápido que os governos. Ainda está em discussão no Brasil se o VOD é passível de recolhimento da Contribuição para o Desenvolvimento da Indústria Cinematográfica Nacional (Condecine-Título) na modalidade "outros mercados" com base na MP nº 1.018/2020. Enquanto isso, de acordo com a pesquisadora Silva (2018), a União Europeia está alterando a Diretiva de 2010, que estabelece apenas uma orientação genérica para a promoção de obras europeias, com uma proposta de revisão que determina uma cota mínima de 30% de conteúdo europeu nas plataformas, calculada sobre o total de horas do catálogo, e a obrigação de proeminência de obras europeias no catálogo. De acordo com o Panorama do Mercado de Vídeo por Demanda no Brasil 2022, produzido pela Agência Nacional do Cinema (Ancine), as líderes em assinantes no Brasil, Amazon e Netflix, têm apenas 6% de conteúdo brasileiro, por exemplo (Ancine, 2023). O Canadá começou a recolher, a partir de 1º de janeiro de 2022, uma taxa de 3% dos lucros locais de serviços digitais de plataformas como Netflix, Amazon Prime e Spotify (Vlessing, 2021). Silva (2018) observa que os desafios para a regulamentação do VOD no Brasil são a observação das leis fiscais existentes para garantir o tratamento isonômico em relação a outros serviços audiovisuais, além de definir o tratamento para as plataformas de compartilhamento de conteúdo e a conduta nos casos de oferta extraterritorial.

O Grupo Globo utiliza diversas estratégias a fim de atrair assinantes para a Globoplay como uma nova forma de monetização para conteúdo brasileiro produzido pelo grupo. A série *Justiça*, de Manuela Dias, por exemplo, foi exibida na emissora em 22 de agosto de 2016. No entanto, os assinantes da plataforma digital puderam ver os primeiros capítulos online antes da exibição na televisão aberta. Em setembro de 2016, a série *Super Max* teve todos os capítulos, exceto o último, disponíveis online para assinantes antes de ser exibida na TV Globo. Essa estratégia se torna evidente com séries como *Carcereiros,* premiada na MipTV em 2017. A Globoplay ofereceu toda a série para seus assinantes antes mesmo de ter marcada uma data de estreia na televisão aberta. A rede de televisão norte-americana NBC também teve uma experiência semelhante com a série *Aquarius*, em maio de 2015. A empresa disponibilizou todos os episódios em várias plataformas digitais assim que o primeiro foi ao ar na NBC, antecipando a prática *binge-watching*. Os investimentos em conteúdo de uma empresa como a Globoplay são menores do que os de empresas transnacionais nativas digitais, mas a otimização dos novos conteúdos aliada à promoção na televisão aberta com audiência massiva é um grande trunfo na estratégia de consolidação do negócio.

No caso da telenovela, o deslizamento da narrativa entre mídias para que a primeira janela seja a digital é mais complexo. Uma das principais características da telenovela é que ela deve ser escrita e produzida enquanto está sendo exibida para que os autores e produtores possam afinar a narrativa de acordo com o diálogo com o público, como já foi observado em capítulos anteriores deste livro. Se todos os capítulos forem produzidos e disponibilizados com antecedência, uma das características que torna a telenovela um produto tão popular pode ser perdida.

Do ponto de vista do consumo, a popularidade que as telenovelas ainda têm no Brasil e no mundo é inquestionável. Ainda assim, o modelo publicitário, com blocos de conteúdo e publicidade, merchandising e colocação de produtos dentro do trabalho, não é inabalável, especialmente com o êxodo publicitário nas plataformas digitais — não necessariamente para aqueles ligados à rede de televisão. Durante a pandemia, a Kantar Ibope lançou o Focal Meter, que será instalado em roteadores de internet. O objetivo é complementar dados de audiência em tempo real da televisão em outras plataformas digitais, ainda levando em conta o modelo de negócios apoiado na publicidade. À medida que o ecossistema midiático evolui e os modelos de negócios convergem, o lucro com a assinatura da plataforma digital Globoplay pode pagar, total ou parcialmente, por essas produções. Isso depende de como esse conteúdo desliza para novas plataformas e se adapta a diferentes práticas dos espectadores. Walcyr Carrasco (Carrasco e Svartman, 2021) escreveu *Verdades secretas 2*, a sequência da telenovela com o mesmo nome, vencedora do Emmy Internacional de 2016. Apesar de ter apenas cinquenta capítulos, ela pode ser considerada a primeira telenovela brasileira totalmente financiada e exibida por uma plataforma digital (Globoplay) no Brasil. Sobre a experiência de escrever pela primeira vez uma obra fechada, Carrasco pondera que "vou com a minha intuição, mas sinto falta da vida" (Carrasco e Svartman, 2021). Além disso, Carrasco observa que teve orientações da versão original da narrativa, que foi uma obra aberta, para guiá-lo na confecção dos capítulos de *Verdades secretas 2*.

No próximo capítulo, por meio de quatro estudos de caso, serão investigadas possibilidades de deslizamento de telenovelas para plataformas digitais, a produção de narrativas transmídia para essas narrativas e a relação do público com conteúdo participativo na televisão aberta. Com esses casos, observaremos o grau de permeabilidade da telenovela diante do cenário de convergência de mídias, telas e transformações na espectatorialidade.

Telenovela e a nova televisão

O Brasil tem uma audiência multiplataforma que continua a assistir massivamente às telenovelas, seja pelo laço social que proporcionam, pela origem histórica e cultural dessas obras, pela prática já enraizada na sociedade, seja pela adaptação da telenovela à rotina do espectador. No entanto, o modelo de negócios das redes de televisão e o formato da telenovela se adaptam continuamente à convergência de telas e narrativas contemporâneas no contexto da realidade brasileira.

    O deslizamento da narrativa da telenovela para outras telas e mídias, seguindo a nova espectatorialidade, precisa manter o modelo de negócios apoiado na publicidade e, ao mesmo tempo, alavancar um novo modelo comercial apoiado nas assinaturas, como analisamos no capítulo anterior. *Verdades secretas 2*, de Walcyr Carrasco, um híbrido de seriado e telenovela, pelo reduzido número de capítulos, pode ser considerado o primeiro investimento da Globoplay em uma telenovela — embora essas narrativas já tenham uma popularidade significativa no catálogo. *Todas as flores*, de João Emanuel Carneiro, exibida em 2022 e 2023, tem 85 capítulos e foi a segunda experiência de telenovela brasileira com a primeira janela na plataforma. A exibição em duas fases, a primeira de quarenta capítulos, exibida no segundo semestre de 2022, seguida de uma pausa e retorno em 2023, com os capítulos finais, tem como principais diferenças em relação a *Verdades secretas 2* o número de capítulos e a pausa na exibição que possibilita ajustes no roteiro e na produção, se necessário.

Em março de 2020, no início da pandemia no Brasil, as telenovelas foram o terceiro conteúdo mais visto na plataforma, atrás do reality show *Big Brother Brasil* (BBB) e do streaming ao vivo. Em geral, as telenovelas mais vistas são as que estão no ar na programação linear. Mesmo assim, algumas telenovelas do acervo da Globo estavam no top 20 do conteúdo mais visto. Em maio de 2020, a TV Globo precisou reprisar telenovelas antigas em função da paralisação das gravações. *Totalmente demais*, exibida originalmente em 2015-2016, voltou ao ar e se tornou o quarto conteúdo mais assistido na Globoplay, atrás da transmissão ao vivo da série inédita *The good doctor* e os filmes oferecidos em conjunto. Portanto, é possível supor que a popularidade de uma telenovela na programação linear influencia diretamente a popularidade do mesmo conteúdo em outras mídias. Seja como *catch-up*, seja porque a telenovela na televisão aberta promove o conteúdo online, a convergência das mídias atrai uma audiência multiplataforma — trabalham bem juntos.

Neste capítulo, examinaremos experiências empíricas que envolvem os principais pontos já discutidos neste livro: formato, narrativa, narrativa transmídia e deslizamento do conteúdo da telenovela para plataformas digitais; a relação da telenovela com o público e novas formas de espectatorialidade e participação; desafios e possibilidades de novos modelos de negócios para a telenovela. Inicialmente, analisaremos a primeira experiência de conteúdo narrativo transmídia produzido para uma telenovela das 21 horas, principal produto da TV Globo hoje; depois, uma experimentação com fanfic e telenovela; em seguida, um *spin-off* de uma telenovela para a internet; e, finalmente, o deslizamento de uma telenovela das 21 horas para a plataforma digital Globoplay.

A experiência da narrativa transmídia tardia: *Passione*

Passione (2010) foi uma telenovela escrita por Silvio de Abreu para o horário das 21 horas. Bete Gouveia, interpretada por Fernanda Montenegro, estava grávida quando conheceu Eugênio, interpretado por Mauro Mendonça, que se apaixonou por ela. Beth sempre acreditou que o filho morrera no parto, mas ela descobrirá a verdade — que o filho estava de fato vivo — quando Eugênio, no leito de morte, pedir perdão. Esse é o gancho do primeiro capítulo e a base para a primeira narrativa transmídia de uma telenovela das 21 horas.

A convite de um dos diretores-gerais da telenovela, Luiz Henrique Rios, criei conteúdo narrativo transmídia para *Passione*. Em 2010, a TV Globo estava investindo em experiências de extensão de conteúdo mesmo sem um plano de retorno financeiro imediato. Ao mesmo tempo, o primeiro portal dedicado ao conteúdo de entretenimento da TV Globo, o Gshow, estava sendo implementado sob a supervisão da executiva Ana Bueno e precisava de conteúdo e novas propostas.

O primeiro produtor transmídia contratado pela TV Globo foi Rafael Miranda, que depois se tornou um dos diretores contratados da empresa. Ele foi responsável por continuar as experiências que implementamos durante o primeiro mês. A partir disso, o processo de criação de narrativas transmídia mudou: um produtor transmídia se juntava à equipe da telenovela desde o início. Essa experiência durou aproximadamente dez anos. A principal diferença entre o escopo do trabalho do produtor transmídia e outros profissionais ligados à internet e às mídias sociais da telenovela foi que o produtor transmídia poderia criar conteúdo ficcional a partir do universo da trama. A equipe de internet, em geral, cobria os bastidores, produzia notícias ligadas aos temas da telenovela, clipes temáticos e entrevistas.

Nossa primeira proposta foi estender pelo menos uma cena de cada capítulo para a internet. Como as cenas mais fortes são os ganchos, fizemos com que em todos os capítulos, logo após o gancho, um dos atores da última cena olhasse diretamente para a câmera e falasse o que o personagem estava pensando. A primeira cena estendida foi precisamente aquela em que Bete Gouveia descobre que o filho está vivo. A escolha de começar com essa cena foi estratégica. O conteúdo estendido para a internet foi filmado junto com a cena que foi ao ar na televisão, uma conquista do diretor-geral, Luiz Henrique Rios. Para isso, o comprometimento da equipe e dos atores foi vital. Como foi a primeira experiência narrativa transmídia envolvendo a telenovela das 21 horas, nada disso foi detalhado no contrato nem havia uma prática de produção em vigor. Os diretores concordaram em encaixar as cenas extras no plano de filmagem — no entanto, pediram que as cenas estivessem de preferência dentro das oito horas de estúdio, para ter maior agilidade. A atriz Fernanda Montenegro, com uma carreira reconhecida e prestigiada, imediatamente aderiu à experiência, fazendo com que todos os outros atores se interessassem em participar. Silvio de Abreu, autor da novela, não só autorizou a proposta, como também supervisionou os textos.

Além dessa iniciativa, outras três experiências de narrativas transmídia nessa telenovela merecem atenção por terem sido novidade na época. A primeira foi a criação do perfil de alguns personagens nas redes sociais. O responsável pelas postagens foi Rafael Miranda, que, além de criar as ficções estendidas após a minha saída, também cuidou de todas as outras ações transmídia da telenovela.

Um dos principais problemas que Rafael Miranda enfrentou foi que os perfis não oficiais dos personagens nas redes sociais — e havia muitos — tinham maior liberdade. Enquanto os perfis dos fãs podiam publicar informações falsas, palavrões e atacar outros perfis, tornando-os de alguma forma populares (e divertidos), Rafael Miranda foi forçado a manter perfis consistentes com os personagens sem revelar spoilers da trama ao público. Consequentemente, os perfis que ele elaborou eram menos atraentes e tinham menos seguidores do que os perfis "falsos" dos mesmos personagens.

 Borelli (2011) observou que sem o movimento e a dinâmica inerentes às redes sociais, esses perfis oficiais pouco contribuíram para promover discussões em torno da telenovela. Esse papel acabou sendo desempenhado de forma mais eficaz pelos perfis e pelas comunidades criadas por fãs. A emissora, que Rafael Miranda de alguma forma representava, não poderia ter o mesmo controle do que iria ao ar sobre a narrativa em uma plataforma alimentada pela participação dos usuários. As redes sociais não são plataformas controladas pela TV Globo.

 Durante a edição especial de *Totalmente demais*, em 2020, entrei em contato pessoalmente com alguns fãs no Twitter, atrás dos perfis "não oficiais" de personagens da novela. Eles ficaram surpresos e felizes em falar sobre as respectivas experiências, pois escrevem para outros fãs sem nenhuma expectativa de que alguém da telenovela entre em contato com eles. As pessoas por trás desses perfis se conheceram por intermédio das redes sociais, como fãs de telenovelas em geral, e alguns por causa dessa telenovela específica. Criar o perfil de um personagem para eles é um hobby, embora levem muito a sério, misturando diálogos da telenovela com os deles próprios. Eles se veem interpretando os personagens como atores e como tal se sentem prontos para improvisar também. Esses perfis comentam sobre a novela usando a hashtag #TotalmenteDemais e interagem entre si. Um deles (@JojoDeAlcantara) disse que começou a criar perfis de personagens nas redes sociais como hobby para a série *Bones* (Fox). Segundo ela, os perfis oficiais não respondiam a perguntas simples como "Qual é o seu livro ou sua comida favoritos?", não interagiam "como humanos" com os fãs. Ela então escolheu uma personagem com quem se identificava e começou a falar como a tal personagem em uma comunidade online de fãs, a qual mais tarde foi derrubada pela emissora. O grupo então encontrou outra plataforma para produzir conteúdo: www.tapatalk.com/groups/bonesology/.

Shirky (2009, 2010), ao responder como os fãs têm tempo para produzir tanto conteúdo, escreve sobre afeto e como colaborar se torna uma forma de eles se sentirem parte do trabalho. Rafael Miranda não podia competir com o número de fãs atuando no ambiente nativo desses telespectadores: as redes sociais. Fechine e Figueirôa consideram que esses espectadores-produtores trabalham de forma voluntária e espontânea para a TV Globo, "ou seja, aquele para quem se destina a produção passa ele mesmo a ser produtor, borrando as fronteiras da antiga cadeia entre produtor/consumidor" (Fechine e Figueirôa, 2015, p. 353).

Outra experiência transmídia da telenovela *Passione* envolveu um blog que tinha como tema a moda adotada por uma personagem. A iniciativa teve também como objetivo associar o blog a uma empresa do ramo, buscando um novo modelo de negócio para a internet. Embora a rede de vestuário C&A tenha participado de ações específicas relacionadas à telenovela, o blog não obteve a adesão da empresa como produto isolado. A estética do blog, coordenada em parceria com a equipe de figurinos da telenovela, seguiu o conceito de blogs e vlogs ligados a moda e comportamento, já em ascensão na internet na época.

A última iniciativa narrativa transmídia de *Passione* que merece ser mencionada aconteceu nas últimas semanas da telenovela, quando eu já não fazia mais parte da equipe. Um assassino misterioso começou a matar personagens, dando à narrativa uma qualidade de suspense. Um jogo foi proposto como uma extensão da trama na internet e o autor da novela, Silvio de Abreu, se tornou personagem do jogo e forneceu pistas no site. Além disso, o site tinha fotos de 12 personagens que eram possíveis futuras vítimas do misterioso assassino. Toda semana o autor "salvava" um personagem que não seria mais morto na trama. O jogo terminou com o último capítulo.

Ao analisar todas as ações transmídia de *Passione*, Borelli (2011) conclui que, a partir dessa experiência, os sites de telenovelas da Globo propuseram aos espectadores novos lugares e formas de assistir à televisão, apesar de observar uma "conflituosa articulação entre modelos — 'velhas' e 'novas' mídias — dentro da Rede Globo". Conflito que não supõe a substituição/exclusão de um padrão pelo outro, mas mantém o campo e os agentes nele inseridos. Pondera-se, no entanto, que naquele momento as "velhas" e "novas" mídias caminhavam para ser complementares, e não conflituosas. No entanto, ao contrário do que Borelli supôs que ocorreria, não houve continuidade nas experiências transmídia da emissora, com interrupção da aprendizagem que vem da experiência epistemológica. Em 2017, havia oito produtores transmídia para telenovelas e cem profissionais dedicados ao conteúdo para internet de produtos de entretenimento da emissora. No entanto, nesse mesmo ano, os produtores transmídia e parte dos profissionais ligados às mídias sociais e de conteúdo para a internet foram realocados ou demitidos. É possível supor que o corte orçamentário foi causado pela falta de retorno financeiro dessas iniciativas. Contudo, é importante notar que essas produções agregam substância ao trabalho, enriquecem a experiência do espectador e operam em direção à convergência da mídia. Essas narrativas transmídia já dão pistas do processo de deslizamento da telenovela para as plataformas digitais. Apesar de serem em menor número e do investimento reduzido, existem experiências de sucesso desenvolvidas pela equipe de internet para a promoção da telenovela.

Em *Vai na fé*, telenovela de minha autoria, essa equipe desenvolveu iniciativas promocionais de marketing da novela, online e off-line, como, por exemplo, o compartilhamento de músicas e clipes de um personagem fictício, Lui Lorenzo, nas diversas plataformas de compartilhamento de música de artistas "reais". A equipe também promoveu um show do personagem ao lado da cantora Ivete Sangalo no trio elétrico *Pipoca da Ivete*, no carnaval de Salvador de 2023, com transmissão pela televisão aberta e a Globoplay.

Nas redes de televisão, mesmo levando em conta iniciativas pioneiras, prevalece o modelo de negócios. Como já observado, Mittel (2015) considera que a produção de uma narrativa transmídia pode não ser interessante para uma emissora, já que a maioria dos telespectadores tende a preferir consumir apenas o texto principal. No entanto, isso não significa que o conteúdo narrativo transmídia não possa promover uma telenovela ou prosperar como uma oportunidade de retorno financeiro. Um exemplo recente é o perfil nas redes sociais de Vivi Guedes, vivida por Paola Oliveira, da telenovela *A dona do pedaço*, de Walcyr Carrasco. Além de promover a telenovela, e aproximar o público da personagem, houve várias ações comerciais com a atriz na pele de Vivi Guedes. No final da telenovela, o perfil original, @estiloviviguedes se tornou @pravcarrasar. De acordo com Lopes e Gomes (2020), essa mudança não agradou à audiência, que expressou frustração em comentários no perfil. Como já foi observado, uma das dificuldades de ações ligadas à telenovela é o tempo limitado de investimento da emissora, que está ligado diretamente à exibição do conteúdo.

Um ponto crítico que as ações transmídias de *Passione* têm em comum é a tentativa de controle da participação dos espectadores, reforçando o poder da emissora. Fechine e Figueirôa (2015) argumentam que, por serem livres, os fãs têm várias possibilidades de conduta, reações e comportamentos. É em função dessa liberdade que o controle precisa ser pensado como um modo de ação que não age diretamente sobre os outros, mas que influencia as condutas e está implicado em suas ações.

A fanfic invade a telenovela: *Malhação — Sonhos*

Malhação é uma telenovela da TV Globo exibida de segunda a sexta-feira durante mais de duas décadas — de 1995 até janeiro de 2022. Na última década, a cada temporada, autor, diretor, equipe, elenco, universo e história se modificavam, um novo nome era adicionado ao título *Malhação* e novos cenários eram construídos. As temporadas duravam um ano — por isso, esse produto é considerado uma telenovela para a emissora. Nos últimos anos, essa faixa de horário tinha uma audiência de aproximadamente 15 milhões de pessoas de segunda a sexta no Brasil. Embora a narrativa fosse associada ao universo jovem, a maior parte do público era de mulheres com mais de 35 anos; a novela começava entre as 17h30 e as 18 horas. Nesse horário, existe a convivência entre diferentes gerações: os jovens estão de volta da escola ou então terminaram a lição de casa, ou outras atividades, e é o intervalo de tempo que os adolescentes reservam para estar com a mãe e a avó. De acordo com Eneida Nogueira, "aquele horário de *Malhação* era perfeito porque caía bem na rotina deles e na rotina das mães. Se compactuou que aquele era um horário de convívio com adolescentes".

Malhação é pioneira da narrativa transmídia na televisão brasileira e tem um público extremamente participativo. Em junho de 2021, o perfil oficial do programa no Facebook tinha mais de 11 milhões de seguidores, no Instagram, 2,3 milhões e no Twitter, mais de 800 mil. Além disso, dezenas de perfis administrados por fãs ainda são encontrados em todas as mídias sociais, mesmo após o fim de *Malhação*.

Como uma das autoras de duas temporadas de *Malhação* (2012-2013, com Glória Barreto, e 2014-2015, com Paulo Halm), participei pessoalmente de experiências práticas de narrativas transmídia a partir do universo dessas obras, e duas delas foram finalistas do Emmy Digital Internacional. A experiência que vou analisar em seguida utilizou material escrito por fãs a partir do universo da obra, por meio de uma promoção colaborativa que foi ao ar na televisão aberta para milhões de pessoas.

Fanfics, abreviação de *fan fiction*, são textos escritos por fãs a partir do universo de um livro, filme, programa de televisão; são textos derivados de um universo original. Jenkins (2006) escreveu sobre as fanfics provenientes da série de livros e depois franquia de filmes do personagem Harry Potter, por exemplo. Em suas pesquisas, o autor revela a quantidade e a riqueza dessas produções, realizadas por fãs para outros fãs. Souza et al. (2019) analisam as fanfics de telenovelas. A conclusão foi que algumas das principais modulações observadas são justamente reescrituras do final da obra, além de inserção de mudanças em personagens, situações e ambientes canônicos. Essa modificação da narrativa por alguns fãs, nesse ambiente específico, poderia ser considerada uma forma de resistência do espectador à obra, mas não se trata de uma interferência no poder do autor da telenovela e sua narrativa. É preciso levar em consideração que o afeto do fã pela narrativa é a principal força motora por trás dessa produção — que inclui também a compilação de clipes de personagens favoritos e perfis de personagens fictícios em redes sociais.

Redes sociais específicas para fanfics reúnem centenas de produções sobre o universo e os personagens de diferentes temporadas de *Malhação*. Esses textos geralmente vêm com um aviso lembrando que o universo e os personagens não foram criados pelo autor da fanfic. Além disso, o autor da fanfic fornece o enredo e informa sobre a classificação indicativa, alertando os leitores para conteúdos sensíveis, como drogas ou cenas de sexo. Fanfics podem ser curtas ou ter vários capítulos. A grande maioria está aberta para comentários e compartilhamentos. Os autores promovem suas fanfics em mídias sociais especializadas e em diversos outros ambientes interativos da web.

A temporada 2014-2015 de *Malhação — Sonhos* foi baseada na peça *A megera domada*, de William Shakespeare. Usamos esse texto para reverter o estereótipo preconcebido dos gêneros. Pedro (Petruchio) era um adolescente fraco e sensível, enquanto Karina (Catarina) era retratada como uma atleta propensa à violência.

Grijó e Araújo (2016) analisaram fanfics derivadas do universo de *Malhação — Sonhos* (temporada 2014-2015, com reprise em 2021 durante a pandemia) na rede social Nyah!, um dos maiores repositórios desse tipo de produção na internet. Eles encontraram 115 textos sobre a novela. O menor tinha um único capítulo, enquanto o mais longo, 65. Todas as fanfics, com exceção de uma, preferiram não criar novos personagens e usaram os protagonistas da novela como principais. Como Grijó e Araújo (2016) apontam, embora fanfics inventem suas narrativas, o fã ainda se conecta à história original, criando novas histórias em torno dos principais casais românticos. Mesmo assim, muitos textos inserem os personagens, ou casais principais, em diferentes ambientes, como, por exemplo, na faculdade, em colégios internos ou mesmo em prisões imaginárias. Em diversas narrativas, os fãs querem defender seu casal favorito quando a história da novela no ar parece ir para outro caminho, já que os triângulos amorosos são um ingrediente comum em uma telenovela e raramente um casal permanece junto do início ao fim da trama.

Em 2016, a fanfic *I'm Forever Yours*, com 56 capítulos, escrita por ColorwoodGirl, tinha 1.286 comentários e o maior número de recomendações, 41. Na rede social Nyah!, ColorwoodGirl escreveu mais vinte fanfics, a maioria no universo de diferentes temporadas de *Malhação*, mas também existem produções a partir do universo de outras telenovelas, além de *Harry Potter* e *Glee*. Na descrição do autor, um perfil resumido: "Escritora. Editora de vídeos. Editora de capas. Futura jornalista. *Shipper* fervorosa. Chata. Talvez um pouco talentosa. Mas sem dúvida nenhuma, principalmente sou o Batman." Acredita-se que quando ColorwoodGirl se autodenomina "escritora", "futura jornalista", essa é uma descrição profissional, apesar ser um nome fictício. Em contrapartida, a rede social de compartilhamento de fanfics Nyah! é um ambiente para fãs. O conteúdo produzido é amador. No entanto, Jenkins (2006), ao estudar o vasto potencial da produção em torno da franquia *Harry Potter* e *Star Wars*, analisa o potencial comercial de certas produções de fãs. No entanto, apesar dos exemplos de narrativas transmídia que tiveram retorno comercial ou geraram oportunidades profissionais para os autores, esses exemplos são exceções. Os indivíduos por trás dessas produções não buscam a inserção no mercado, e essa não é a vocação primária dessas plataformas de compartilhamento de conteúdo.

Como já foi observado, os autores de fanfics costumam escrever para outros fãs como eles mesmos e não têm a expectativa de que profissionais envolvidos na produção os leiam. No entanto, uma autora de fanfic, fã da telenovela *Malhação*, entrou em contato comigo por meio das redes sociais e pediu que eu lesse a fanfic dela, o que eu fiz. A fã autora — com quem ainda me correspondo de forma intermitente até hoje — discordou da forma como a história estava se desenrolando e queria um final alternativo para um triângulo amoroso. Por meio dela, toda a equipe de escritores e eu fomos apresentados às fanfics. Ficamos muito impressionados não só com a quantidade e a extensão de alguns textos, mas também com a qualidade. Como equipe, decidimos que algum tipo de diálogo entre a narrativa original e esse material seria interessante para a telenovela. Na época, todas as telenovelas da TV Globo tinham um produtor transmídia ligado à equipe. Amanda Jordão, responsável por *Malhação — Sonhos*, foi encarregada de encontrar uma maneira de essa troca acontecer. Ela veio com a sugestão de um concurso que escolheria uma fanfic para ser produzida pela equipe de telenovela. A ideia original — que se chamou *Malhação Fanfic* — foi uma experiência colaborativa na qual os fãs enviaram seus textos e suas ideias do universo expandido da telenovela. Em seguida, a equipe de produção filmou a ideia escolhida pelos profissionais da produção, de roteiro e da internet para ir ao ar no site oficial de *Malhação*.

Fechine e Figueirôa (2015) observam que a emissora, no caso a TV Globo, tenta controlar o espaço colaborativo de uma experiência, já que toda convocação à participação envolve riscos e, por mais que estes sejam calculados, há sempre a possibilidade de o inesperado quebrar a previsibilidade das regras. Levar conteúdo produzido pelos fãs para um programa de televisão foi uma proposta arriscada, principalmente por causa dos direitos autorais envolvidos. Após seis meses de negociações com diferentes departamentos e executivos, já havia o risco de que o final da temporada chegaria antes mesmo de a experiência colaborativa acontecer. Como já foi apontado, em todas as temporadas, o autor e a equipe criativa mudam junto com o elenco, portanto não haveria garantia de que os profissionais da temporada seguinte estariam interessados no concurso *Malhação Fanfic*.

Uma emissora tão grande quanto a TV Globo opera com poderes de resistência e controle. Então, ainda que a produção estivesse disposta a tentar algo novo, mesmo que isso significasse mais trabalho, muitos executivos consideraram um risco excessivo. Apesar do risco, o projeto foi considerado inovador e finalmente aprovado pelo jurídico. O departamento jurídico argumentou que as acusações de plágio dependeriam de provas concretas. Nesse caso, a TV Globo é a detentora exclusiva de direitos autorais da obra original, incluídos elementos e personagens, e permitiu que os fãs usassem esses direitos apenas para o concurso fanfic. Além disso, a cena fanfic foi limitada a uma página, ou 2.048 caracteres. Todos os fãs que participaram foram informados das condições do concurso no site do programa. Eles precisavam abrir mão dos direitos autorais de seus textos para a TV Globo e concordar com os regulamentos. Assim, foi possível realizar esse projeto. Em muitos aspectos e em diferentes casos, o equilíbrio entre resistência e controle surge em todas as novas iniciativas de uma grande empresa.

As fanfics foram postadas em um blog e ligadas ao site do programa. O projeto teve inúmeras repercussões, ampliadas pelas redes sociais. O primeiro concurso recebeu 4.801 inscrições, e a fanfic selecionada, *Bianca e seus dois maridos*, depois de produzida, foi ao ar não só no site, mas também na televisão aberta, inserida como sonho em um capítulo. A cena fanfic misturou o universo de *Malhação* com o famoso romance de Jorge Amado *Dona flor e seus dois maridos*, que trata de um triângulo amoroso entre uma mulher, o atual marido e o fantasma do ex-marido. A vencedora da primeira iniciativa fanfic foi a estudante carioca Ana Carolina Souza, de 15 anos, que teve a oportunidade de ver sua cena gravada no estúdio. A autora do segundo fanfic, Thamires Santos, também uma adolescente e estudante, dessa vez de Porto Alegre. Ela escreveu uma história de terror envolvendo o protagonista Pedro e o pai de sua namorada, Gael.

A equipe de autores da novela fez a adaptação da fanfic para a televisão. Não houve alteração substancial do conteúdo, apenas uma adaptação da prosa ao formato de roteiro:

Bianca e seus dois maridos, escrito por Ana Carolina Souza

> Bianca acorda e vê Duca ao seu lado direito e João ao seu lado esquerdo, fica desesperada se perguntando o que está acontecendo. De repente, João acorda e diz "Bom dia, querida". Falou dando um selinho nela. Ela ficou confusa e logo Duca acorda também falando "Bom dia, meu amor". Ele deu um selinho nela e também se levantou. Como estava confusa, resolveu perguntar: "O que está acontecendo aqui? Duca? João? O que vocês estão fazendo no meu quarto? E ainda por cima na minha cama?"
>
> Duca e João se olham e começam a rir. "Ai, querida, como você está engraçada, nós estamos no nosso quarto e na nossa cama,

aqui é a nossa casa oras!", disse João. Bianca arregalou os olhos e com uma expressão assustada gritou: "como assim nosso quarto, nossa cama e nossa casa?" Bianca estava ficando cada vez mais assustada com aquela situação. "É Bi, aqui é nossa casa, agora levanta, se arruma e vai pra sala, bota a mesa do café da manhã que as crianças devem tá com fome!", disse Duca logo saindo do quarto junto com João. Quando ela levantou entrou duas meninas e dois meninos no quarto gritando. "Mamãe mamãe, olha o Junior e o Carlinhos mexendo com a gente", falou uma menininha loirinha que aparentava ter uns três anos de idade. Bianca fica transtornada, se levanta e vai pra sala correndo, e quando encontra Duca, pergunta: "Duca, me explica o que está acontecendo? Quem são aquelas crianças no meu quarto?", falou assustada. "São nossos filhos: Carlinhos, João Junior, Beatriz e Aninha", falou o lutador sorrindo. "Nossos filhos?", ela tava a ponto de explodir. "Sim Bianca, eu, você e o João somos casados. E como você não sabia quem escolher, ficou com os dois, esqueceu?" Ele começou a rir e eu gritei: "nãoooooooooooooo." Bianca acorda assustada e suada, olha em volta e vê que está sozinha no seu quarto, respira aliviada e volta a dormir vendo que foi só um pesadelo.[9]

---

9. Texto original da vencedora Ana Carolina enviado para a TV Globo.

Cena Fanfic: Apto. Gael/ Quarto/ Interior/ Dia

Bianca está dormindo em sua cama (de casal), aparentemente sozinha. De repente, João esbarra nela. Percebemos que ele está deitado do seu lado esquerdo. Bianca acorda.

Bianca — João?
João — Bom dia, querida.

João dá um selinho em Bianca, que senta na cama, estranhando. Só agora vemos que Duca está deitado do lado direito de Bianca.

Bianca — Duca?
Duca — Bom dia, querida.

Duca se aproxima pra dar um selinho nela, mas Bianca hesita.

João — Sabia que esse lutador tinha bafo!
Bianca — Não. Não é isso...
Duca — Eu sei, Bi. É que o João adora começar o dia implicando comigo.

Duca dá um selinho em Bianca, que está paralisada, e sai da cama.

Bianca — Espera aí! Vocês podem me explicar o que está acontecendo aqui?
João e Duca — Como assim?
Bianca — O que vocês dois estão fazendo no meu quarto? E ainda por cima na minha cama?

Duca e João se olham e começam a rir.

João — Ai, como você é engraçada!

Duca — A gente tá no nosso quarto, na nossa cama...

João — Aqui é a nossa casa.

Bianca arregala os olhos, assustada.

Bianca — O quê?

Duca — Me ajuda a colocar a mesa do café da manhã? As crianças devem estar com fome.

Duca sai do quarto. João pula da cama e vai atrás.

João — Eu também tô com fome!

João sai e fecha a porta. Bianca está horrorizada. Ela se levanta, vai até a porta e espia por uma fresta. Não vemos o que está do lado de fora, mas podemos ouvir barulho de crianças.

Bianca — Uma, duas, três... quatro crianças?

Duca entra, assustando Bianca, que dá um pulo pra trás.

Duca — Você não vem?

Bianca — Quem são aquelas crianças?

Duca — Beatriz e Aninha, meu amor, nossas filhas. E o Junior e o Carlinhos são seus filhos com o João. (T) Bi, você tá bem?

Bianca está em choque. João entra, trazendo comidas na bandeja.

João — Café da manhã na cama!

Bianca — João, Duca, por favor, desde quando a gente mora junto?

João — Desde que a gente se casou! Você não sabia se queria ficar comigo ou com o Duca...

Duca — Aí você resolveu ficar com os dois. Esqueceu?
Bianca — (grita, em pânico) Nãooo!
No desespero de Bianca,

A experiência com o projeto fanfic foi positiva apesar dos riscos, mas a fronteira cada vez mais nebulosa entre conteúdo amador e profissional pode desencadear conflitos. Qual é a diferença entre um autor profissional e um autor de uma fanfic, uma vez que ambos criam cenas que vão ao ar na televisão? Uma vez que uma fanfic deixa o ambiente das redes sociais, como Nyah!, mudaria de categoria?

Destaca-se, no entanto, que o conteúdo produzido por Ana Carolina e Thamires, vencedoras do *Malhação Fanfic*, foi escrito com a percepção de que seria um conteúdo amador, para um concurso com regras e características promocionais. Essas particularidades da produção são parte integrante desse conteúdo e permeiam a trajetória em mídias diferentes. Além disso, Ana Carolina e Thamires ganharam o concurso, mas isso não significa que elas sejam capazes ou mesmo desejem escrever uma telenovela. Escrever uma telenovela exige não só boas ideias, como também a técnica necessária para as desenvolver em uma narrativa com características específicas, como demonstrado nos primeiro e segundo capítulos deste livro. Os fãs produziram milhares de cenas para o projeto fanfic de *Malhação*, mas participar da equipe de redação da telenovela nunca foi parte do acordo firmado entre a emissora e os participantes da iniciativa.

Jenkins, Ford e Green (2013) escrevem sobre o trabalho voluntário dos fãs canalizado para práticas capitalistas. É difícil estabelecer um equilíbrio de valor quando moedas muito diferentes fazem parte da troca: retorno financeiro, reconhecimento, afeto, prestígio. Além disso, esse tipo de relacionamento já se tornou uma prática em produções híbridas que envolvem conteúdo profissional e amador, realizadas por meio de plataformas colaborativas e ferramentas sociais. É inegável que a experiência fanfic agregou valor ao programa e promoveu *Malhação*. No entanto, o que os fãs ganharam em troca? Nesse tipo de relacionamento, o reconhecimento das pessoas que produzem o programa foi uma moeda de troca para Ana Carolina e Thamires, assim como visitar o set, conhecer os atores e a equipe de produção. No entanto, temos de considerar: foi uma troca justa?

Revisitando a própria pesquisa sobre a cultura da participação que fizeram em 2004, Jenkins, Ito e Boyd (2016) perguntam se é possível existir uma troca relevante, significativa, em uma situação controlada por uma corporação, em que a capacidade de criar e compartilhar conteúdo está separada da capacidade de governar a plataforma na qual o conteúdo circula e onde, teoricamente, nem mesmo o participante é dono da sua produção. Para eles, por conseguinte, cada vez mais, a participação poderia se tornar exploração. No entanto, pondera-se que as grandes plataformas de compartilhamento de conteúdo são propriedades de empresas privadas, que arquivam dados, histórias e produções pessoais e coletivas em servidores privados de sua propriedade com objetivos comerciais e muitas vezes utilizam essas informações e esses conteúdos sem a autorização dos usuários.

Essa fronteira entre trabalho voluntário e exploração, entre reconhecimento e uso questionável da criação, amador e profissional, ainda está sendo negociada e compreendida diante do novo ecossistema midiático. Provavelmente, essa é uma relação que nunca será cristalizada ou perfeitamente equilibrada. Jenkins et al. (2013) afirmam que o status do que é trocado online é híbrido, e muitas vezes o que tem valor sentimental para uma parte tem valor comercial para outra. A experiência do projeto fanfic é um desses casos. No entanto, uma vez estabelecido o pacto e o equilíbrio das expectativas alcançado, embora com objetivos diferentes, pode haver um ponto de equilíbrio entre uma grande emissora de televisão e fãs adolescentes. Um possível parâmetro é o equilíbrio entre expectativa e realidade.

Benkler (2016) observa que hoje em dia as empresas estão muito mais conscientes da importância e do valor das atividades de networking e interação com consumidores. No entanto, a forma como as empresas usam esse conhecimento a seu favor também pode mudar e até destruir a experiência de negociação. Cada experiência e cada iniciativa colaborativa que envolvam poder corporativo ou não, deve ser avaliada do ponto de vista ético. No caso estudado neste capítulo, para ambos os lados o final foi satisfatório e com ganhos mensuráveis.

O projeto fanfic foi apenas uma das várias iniciativas que a televisão pode usar hoje para interagir com a audiência, aprender e se reinventar. A televisão é composta por pessoas e, por mais que estejam inseridas em uma grande corporação, elas também usam as mídias sociais para navegar, produzir conteúdo e se relacionar com quem admiram. A experiência de fanfics, assim como outras do gênero, mostrou que a telenovela é permeável ao conteúdo colaborativo. No entanto, a experiência *Malhação Fanfic* não se estabeleceu como prática em outras temporadas. Como apontado no capítulo anterior, uma iniciativa-satélite que não se mostre financeiramente rentável, será provavelmente interrompida.

A narrativa transmídia como um negócio:
Totalmente demais spin-off

Além de outras iniciativas de narrativas transmídia relacionadas a *Totalmente demais*, um mês antes do fim da telenovela, os executivos da emissora sugeriram a produção de dez episódios *spin-off* para a internet após o fim da telenovela. *Spin-offs* de personagens de telenovela não são novidade. A série *O bem-amado*, exibida entre 1980 e 1984 pela TV Globo, teve origem na telenovela homônima escrita por Dias Gomes em 1973. Mário Fofoca, um detetive desajeitado, interpretado por Luis Gustavo e criado por Cassiano Gabus Mendes para a telenovela *Elas por elas* (1982), tornou-se uma série de televisão no ano seguinte e depois um filme. Uma diferença entre essas experiências e o *spin-off* de *Totalmente demais* é a mídia: a internet, com características próprias, como a exibição não linear, que permite ao espectador escolher quando, onde e como assistir ao conteúdo.

A experiência do *spin-off* de *Totalmente demais*, uma série chamada *Totalmente sem noção demais*, também foi uma oportunidade de observar se o conteúdo de uma telenovela de sucesso estendido na internet prejudicaria o público da nova telenovela no ar. A estratégia da empresa até então era evitar a extensão de qualquer telenovela.

Após uma reunião com a equipe de autores, concordamos que a série seria uma oportunidade para os colaboradores assinarem capítulos. Além disso, o trabalho dos colaboradores diminuiria na reta final, o que não era o caso dos redatores finais, eu e Paulo Halm, que ainda estaríamos fechando os capítulos. Por isso, propusemos apenas supervisionar o texto do *spin-off*, Claudia Sardinha faria a redação final, com capítulos dela, de Mario Viana, Felipe Cabral e Fabrício Santiago.

A equipe de redação concebeu os episódios a partir de um acordo prévio com a produção e os diretores da telenovela, utilizando menos atores e apenas alguns cenários. Como observado anteriormente, uma telenovela é escrita com várias tramas e núcleos diferentes para viabilizar o produto. Para o *spin-off*, sugerimos um núcleo que tinha uma veia humorística, atores com forte presença nas redes sociais e que estaria supostamente gravando menos na reta final da telenovela. A empresa ajustou os salários, prorrogando os contratos dos envolvidos até o fim da produção do *spin-off*. Ao contrário da experiência do capítulo zero, já citada anteriormente, o *spin-off* não tem valor promocional para a telenovela, já que a narrativa da nave-mãe não está mais no ar. Além do valor epistemológico, a emissora buscou uma forma de tornar o produto financeiramente viável.

Como a Avon detinha exclusividade de patrocínio e merchandising na novela, o *spin-off* foi uma oportunidade para o departamento comercial da emissora buscar novos parceiros entre empresas de produtos de beleza com o intuito de financiar a produção dessa nova etapa, uma vez que a Avon preferiu não se envolver no *spin-off*. A equipe comercial ofereceu, assim, o produto a uma concorrente do segmento, uma prática de mercado. A Risqué, com o objetivo de divulgar uma linha de esmaltes, patrocinou o *spin-off*, que contava com cenas de merchandising em alguns episódios. A diretora da marca, Regiane Bueno, em entrevista, na época, observou:

> Risqué é uma marca moderna e arrojada, por isso a decisão de participar de um projeto pioneiro como este. Entendemos que é importante ampliar o leque de comunicação com nossas consumidoras, abrindo um novo canal para informar sobre nossas novidades em primeira mão, inclusive para as clientes que estão, ao mesmo tempo, antenadas na Internet e na TV. (*Adnews*, 2016)

Os episódios foram disponibilizados na Globoplay duas vezes por semana em dias específicos, e o total de visualizações ultrapassou 4 milhões na época. Durante a exibição na internet, os capítulos da telenovela que estava no ar, *Haja coração*, de Daniel Ortiz a partir da obra de Silvio de Abreu, teve uma audiência considerável. Dessa forma, o medo de uma telenovela sabotando o público da outra, mesmo que em diferentes mídias, deixou de existir. Como já disse, o público brasileiro é multiplataforma, as experiências se sobrepõem e não substituem umas às outras. Posteriormente, o conteúdo do *spin-off* também acabou na televisão aberta por duas semanas consecutivas durante o programa vespertino *Vídeo Show*.

As emissoras tentam absorver anunciantes que migram para a internet em suas plataformas digitais e o *spin-off* de *Totalmente demais* foi apenas um exemplo dessa iniciativa. A busca por um novo modelo de negócios baseado em assinantes e aliado ao deslizamento das telenovelas para as plataformas digitais traz novos desafios para as emissoras.

Em 2020, a Globoplay lançou um *spin-off* da telenovela *Malhação — Viva a diferença*, temporada 2017-2018, assinada por Cao Hamburguer, exclusivamente para assinantes. A série *As Five* chegou na segunda temporada em 2023, mesmo ano em que estreia na Globoplay a série *Vicky e a musa*, de minha autoria. A série de 26 capítulos tem como característica ser concebida para a televisão linear a cabo, canal Gloob e plataforma digital Globoplay. Cada janela terá cenas exclusivas, com foco em faixas etárias diferentes e a exibição na plataforma antecede a exibição na televisão linear. Enquanto a versão da Globoplay tem mais cenas com jovens adultos, a versão para o Gloob, que não apresenta essas cenas, tem uma trilha extra com elenco infantil. A história principal, adolescente, permanece nas duas versões. Historicamente, as telenovelas foram adaptadas para venda internacional, assim como para classificações indicativas diferentes dentro da grade de programação — uma novela das 21 horas, por exemplo, que é posteriormente exibida no horário vespertino, no programa *Vale a Pena Ver de Novo*, sofre adaptações. Essa estratégia, geralmente utilizada na venda e pós-produção de uma obra, em tempos de deslizamento de conteúdo entre janelas, pode ser utilizada na concepção da narrativa e seus derivados. *Vicky e a musa* é uma experiência a ser avaliada nesse sentido.

Uma telenovela no banco de dados: assista como quiser

Como já observado, a narrativa de uma telenovela tradicional é bem conhecida do público brasileiro. Como autora de telenovelas, sou surpreendida por espectadores em grupos focais ou nas redes sociais que muitas vezes preveem o desdobramento de algumas tramas. Não é incomum que comentários ou opiniões se tornem uma fonte de inspiração, mas na maioria das vezes o público quer ver os personagens por quem eles têm afeto serem felizes o mais rápido possível. No entanto, uma telenovela, ou qualquer narrativa melodramática, não existe sem conflitos, ou seja, haverá um final feliz, mas até lá, muitos obstáculos perturbarão a vida dos heróis que o público tanto ama. Como a telenovela é uma obra extensa e aberta, sendo construída enquanto é exibida, o autor pode fazer ajustes na sinopse original. Os atores e diretores contribuem muito para o resultado, influenciando também o curso da narrativa. No entanto, novos exemplos de interferência na obra original surgem junto com as recentes transformações na espectatorialidade, na relação entre a obra e o público, em parte graças às novas tecnologias e plataformas interativas.

Apesar de todas as transformações relativas à convergência de telas e à ampliação da repercussão de uma telenovela nas redes sociais, três ingredientes fundamentais da teledramaturgia até recentemente não haviam mudado: o controle do fluxo temporal narrativo, a continuidade da história pelo autor e o consequente controle pela emissora do fluxo de exibição e reprises de capítulos. Há décadas, diariamente, de segunda a sábado, capítulos são disponibilizados para o público na televisão. Dessa forma, o arco das tramas principal e secundárias, a trajetória dos personagens, suas transformações e seus conflitos são oferecidos de forma linear e contínua, mesmo que nem todos os espectadores sejam assíduos.

Chatman (1978), em seu livro sobre estrutura narrativa da ficção, pondera que existem o tempo de leitura de um texto e o tempo da narrativa. Em outras palavras, quanto tempo um discurso leva para acontecer e o tempo em que os acontecimentos transcorrem na história. Ele observa que muitas questões podem ser levantadas levando-se em conta esses elementos relacionados ao tempo:

> Por exemplo, a história é ancorada na contemporaneidade? Quando é o começo? Como a narrativa pode trazer informações sobre os acontecimentos que levaram à situação daquele momento? Qual a relação entre a ordem natural dos acontecimentos da história e a ordem da apresentação desses acontecimentos do discurso? E entre a duração da apresentação do discurso e a dos eventos da história? Como os eventos recorrentes são descritos pelo discurso? (tradução nossa).[10] (Chatman, 1978)

Kozloff (1992) avalia que distorções temporais nos ajudam a descobrir o narrador na televisão. Quanto mais perto o discurso estiver do tempo real, mais invisível e menos intrusivo será esse narrador que conta a história. Uma narrativa ao vivo seria a antítese de uma narrativa com repetições, ações paralelas, flashbacks ou flashforwards e elasticidade temporal, quando o narrador, ou autor de uma telenovela, é facilmente revelado. Em um discurso televisivo, os acontecimentos de

---

10. Texto original: "For example, how is the story anchored to a contemporary moment? When is the beginning? How does the narrative provide information about events that have led to the state of affairs at that moment? What are the relations between the natural order of the events of the story and the order of their presentation by the discourse? And between the duration of the discoursive presentation and that of the actual story events? How are recurrent events depicted by the discourse?"

uma história, sua ordem e duração, são alterados. Chatman (1978) elaborou uma classificação de ferramentas temporais que um autor pode utilizar para elaborar um discurso: tempo resumido, quando o tempo do discurso é mais curto que o tempo real; tempo zero ou elipse; tempo real, quando a cena é em tempo real (*sitcom*);[11] tempo estendido, quando o tempo do discurso é maior que o real; tempo parado, ou pausa do discurso. Citando essa classificação, Kozloff (1992) conclui que descobrir as motivações para as escolhas sobre o tempo da história dos narradores pode nos ajudar a desvendar e descrever as características de um autor. Assim como Kozloff, Mittel (2015) também observa que para toda narrativa o tempo é elemento essencial, principalmente no caso de narrativas televisivas. Podemos considerar três diferentes fluxos temporais para todas as narrativas: tempo da história — como o tempo se passa dentro da história; tempo do discurso — a duração e a estrutura dentro de uma narrativa; tempo da narração — tempo que a trama fica no ar, o prazo estipulado para contar a história. Esse mesmo modelo de classificação do fluxo temporal narrativo se aplica também a uma telenovela, e o tempo sempre é uma ferramenta importante de escrita do autor. Até recentemente, o tempo do fluxo de uma novela, seja o tempo

---

11. *Sitcom* vem da abreviação de duas palavras em inglês: *situation* e *comedy*. É um estrangeirismo utilizado para designar uma série de televisão com personagens principais fixos que encenam situações sempre nos mesmos cenários.

da história, discurso ou narração, não era algo que o espectador poderia controlar.

A Globoplay foi lançada em 3 de novembro de 2015. No computador, celular ou tablet — com expansão para consoles de videogame e TVs conectadas — o público pode assistir à programação através do *simulcasting*/streaming e ter acesso gratuito a trechos de conteúdos específicos. Os assinantes podem acessar todos os programas que estão no ar e disponíveis no acervo a qualquer momento, além de filmes e séries comprados de outros produtores de conteúdo. Em relação às telenovelas, os assinantes da Globoplay têm o direito de assistir aos capítulos completos. Quem consome conteúdo de graça é obrigado a assistir aos capítulos de telenovelas que estão no ar por meio de trechos e com anúncios na abertura. No entanto, ao disponibilizar o conteúdo dessa forma, a empresa permite que o espectador altere o tempo da *narração* e o *discurso* da obra pela primeira vez na história da televisão. Embora a empresa venda aos assinantes o conforto de assistir a um capítulo na íntegra, inadvertidamente, ao oferecer seu conteúdo em trechos, a emissora pode estar favorecendo uma nova prática de espectatorialidade.

Manovich (2015) observa que enquanto o cinema e o romance favorecem a narrativa, a era do computador introduz a correlação, ou seja, o banco de dados. O autor relata o predomínio da forma de banco de dados nas novas mídias e cita como exemplo o site de uma estação de rádio ou tv. No caso da plataforma Globoplay, assistir a programação linear pelo streaming é apenas uma das opções do banco de dados.

Uma primeira análise do número de visualizações de cada trecho disponível online da telenovela do horário nobre *A força do querer*,[12] que detinha maior audiência entre as outras telenovelas concomitantes, demonstra que os trechos têm audiências bem diferentes. No dia 19 de junho de 2017, por exemplo, o trecho mais visto na plataforma Globoplay teve 88.140 visualizações, enquanto o menos visto teve menos da metade, 31.689.[13] Não é nenhuma surpresa que os trechos mais vistos sejam o primeiro e os dois últimos, ou seja, o "gancho", ou ganchos do capítulo e a resolução no capítulo seguinte. Assim como acontecia no folhetim de jornal, os capítulos terminam de forma aberta, com o objetivo de atiçar a curiosidade do espectador para que ele assista à telenovela no dia seguinte. Como abordado no primeiro capítulo, um dos principais elementos da telenovela é o "gancho" — e uma novela pode terminar com mais de um, uma vez que há diversos núcleos. Antes dos blocos de comerciais, o chamado break, ocorre um gancho menor, mas com o mesmo objetivo: manter o espectador interessado na trama.

Além do número expressivo de visualizações da cena inicial e dos ganchos de um capítulo de novela online, ao se analisar o

---

12. Estreou em 3 abr. 2017.
13. Dados coletados em 26 jun. 2017.

bloco da semana é possível constatar também que certas tramas ou núcleos fazem mais sucesso online do que outros. Manovich (2015), ao pesquisar sobre a cultura do banco de dados e sua relação — ou contraposição — à narrativa, observa que a narrativa linear tradicional é uma entre tantas outras trajetórias possíveis. Como já observado, uma novela conta com vários núcleos e, dependendo da obra, pode haver uma alternância no protagonismo dessas tramas.

No caso de *A força do querer*, de Gloria Perez, a novela começou no dia 3 de abril de 2017, tendo como trama principal a história da sereia Ritinha, personagem de Isis Valverde, e seu triângulo amoroso com o urbano e playboy Ruy e o caminhoneiro e eterno noivo Zeca, vividos, respectivamente, pelos atores Fiuk e Marco Pigossi. Ao longo da semana de 19 a 24 de junho, objeto desta análise, a narrativa esteve concentrada na trama da personagem Bibi, de Juliana Paes. Foram disponibilizados 58 trechos com chamadas para esse núcleo, enquanto o núcleo da sereia Ritinha obteve 34 trechos publicados. No entanto, as cenas com mais visualizações são as que tratam do triângulo amoroso de Ritinha, aquele que iniciou a novela — que depois de alguns meses já se tornou um quinteto envolvendo outros personagens.

O trecho mais visto de toda a semana, no dia 24 de junho, com 134.523 mil visualizações,[14] é parte dessa trama que tem o

---

14. Dados coletados em 26 jun. 2017.

título "Zeca e Ruy ficam impressionados com Jeiza e Ritinha". Nomear as cenas para o espectador nas plataformas digitais é uma demanda da nova espectatorialidade em uma nova plataforma. Sem isso, o consumo do conteúdo e o entendimento do que é oferecido pelo banco de dados seriam confusos. Ao se acompanhar o número de visualizações dos trechos referentes a esse núcleo, é possível concluir que existem pessoas que assistem apenas a essa trama, construindo uma trajetória específica no banco de dados. É possível observar também que os trechos de cenas fortes, com ingredientes sensuais, dramáticos ou de violência, têm milhares de visualizações a mais do que os outros, independentemente do núcleo. A cena de um acidente de carro, por exemplo, de um núcleo que não teve tantas visualizações online, o do transgênero Ivana, personagem vivido por Carol Duarte, obteve 86.191 exibições, enquanto a média das outras cenas dessa trama não passou da metade disso. Contudo, é possível que existam espectadores que assistam apenas a cenas dessa última trama e a cenas de outros núcleos que sejam sensuais, por exemplo. Cada espectador não só pode criar uma narrativa própria, como também pode assistir a trechos de um único capítulo ao longo de dias, ou trechos referentes a uma semana de uma única vez.

 Apesar do esforço das redes de televisão em controlar seu conteúdo nas plataformas de compartilhamento de vídeos, não é difícil encontrar compilações produzidas por fãs que narram a trajetória dos seus casais prediletos. "A história de Pedro e

Karina (Perina) — Parte 1" é uma edição que conta apenas com cenas do casal vivido por Rafael Vitti e Isabela Santoni, de *Malhação — Sonhos*. O vídeo tinha 1.538.652 visualizações em junho de 2021 e, para escapar de ferramentas de identificação de conteúdo privado, o autor borrou a imagem, tirando ligeiramente de foco as cenas editadas. Esse vídeo não é único, é possível encontrar vídeos editados com cenas de diversos casais de telenovelas — que estão sendo exibidas ou que já saíram do ar. Há muitas diferenças entre as compilações nas plataformas de compartilhamento de vídeo e a visualização personalizada de trechos específicos na plataforma digital Globoplay por um espectador. As compilações, feitas pelos fãs, são narrativas oferecidas a outros telespectadores como obras fechadas. Há uma curadoria no vídeo "A história de Pedro e Karina", a compilação não inclui todas as cenas dos 275 capítulos que foram exibidos enquanto a telenovela estava no ar.

Permitir ao espectador que monte uma narrativa própria certamente não era o objetivo da emissora ao oferecer trechos de novelas, e sim proporcionar a quem perdeu uma parte da trama a possibilidade de acompanhar o que aconteceu na novela, o que seria a função *catch-up* da plataforma. Entretanto, é possível que muitos espectadores, agora diante da possibilidade de assistir apenas à trama que lhes interessa, prefiram assistir à telenovela por trechos do que na íntegra, escolhendo a narrativa por uma lógica própria. É a novela customizada. Isso traz novas possibilidades distintas de espectatorialidade de uma telenovela. O capítulo de *A força do querer* mais visto na íntegra por assinantes na semana de 19 a 24 de junho foi o da segunda-feira, com 54.710 visualizações — ou seja, menos da metade do trecho mais visto gratuitamente.

Ao disponibilizar a telenovela em um banco de dados para ser então reorganizada por seus consumidores, a emissora retirou uma parte essencial do poder do autor: o uso e controle do fluxo do tempo narrativo como ferramenta de escrita, e entregou isso ao público. Ainda que não tenha sido essa a intenção da emissora, essa possibilidade satisfaz a demanda de parte do público que não se identifica com as diversas tramas e núcleos de forma homogênea. Levando em conta todas as transformações por que a telenovela já passou — atualização das narrativas, divisão por núcleos, influência de séries, entre outras —, talvez uma próxima mudança seja justamente essa nova forma de assistir ao conteúdo.

Conclusão

O primeiro capítulo deste livro abordou os principais elementos narrativos da telenovela e como ela se transformou ao longo de seus mais de 70 anos de existência. Essa transformação foi influenciada por diversos agentes, sendo o principal deles a sociedade brasileira, tornando a telenovela no Brasil única, não só pelo conteúdo e o formato, mas também pelo grande público que a telenovela atrai. A telenovela, com características do melodrama e do folhetim, precisa ser entendida como parte da cultura brasileira e de uma tradição associada à América Latina.

No segundo capítulo, foi examinado o processo de escrita e produção de uma telenovela. As características desse processo contribuem para uma cadeia de poder em que os realizadores e produtores dependem do autor, ainda que ele esteja sujeito a supervisão ou substituição. Trabalhando constantemente sob pressão de avaliações e pesquisas, o autor ainda mantém a autonomia, especialmente se a telenovela for bem-sucedida com o público. O processo de criação de uma telenovela também influencia a forma como se dá o consumo da obra e, consequentemente, o modelo de negócios.

O terceiro capítulo tratou das relações entre autores, emissora e telespectadores. Investigou como o engajamento e a mobilização do público podem ser ampliados pelas mídias sociais e as plataformas interativas. Além disso, discutimos que o poder e a influência dessa audiência aumentaram.

O quarto capítulo apresentou o modelo de negócios da telenovela, destacando como as novas mídias, plataformas digitais e a convergência de telas transformam e trazem novas possibilidades, além de desafios, para a televisão aberta.

Finalmente, o quinto capítulo analisou casos empíricos de deslizamento de conteúdo da telenovela para outras mídias e as pistas que essas experiências oferecem para o futuro do formato narrativo, para as transformações no modelo de negócios e na cadeia de poder de uma telenovela. Abordamos também produções narrativas transmídia, com e sem conteúdos gerados por meio da participação do público (*crowdsourcing*), e as implicações éticas de uma relação entre uma emissora de televisão e conteúdo amador.

Podemos concluir que os capítulos oferecem elementos para responder à seguinte pergunta: Como a televisão brasileira, com seu modelo de negócios apoiado pela publicidade e a audiência massiva, pode se transformar junto com a telenovela, ou por meio da telenovela, e sobreviver ao deslizamento de conteúdo para outras telas e mídias, à chegada das plataformas digitais e interativas com audiências segmentadas e às transformações na espectatorialidade?

A tecnologia que acompanha essas mudanças não veio alijada de outras transformações da atualidade na cultura e na sociedade brasileira como um todo. "A história é impulsionada não por um processo abstrato de inovação, mas por coisas humanas, como intenção, interesse, propósito e valor" (Silverstone, 1974, tradução nossa).

O esforço das empresas de televisão do país para agregar outras telas e plataformas de exibição atende a uma demanda do público, que, por intermédio de diversas plataformas de compartilhamento, já assiste a conteúdo de televisão onde e quando quiser, legalmente ou não. Casetti e Odin (1998) avaliam que o pacto comunicativo entre telespectador e emissora não se limita a uma única fórmula, envolve regras, finalidade, proposta, consentimento das partes e negociação. Tecnologias e práticas que surgiram com o fortalecimento da internet como mídia só trouxeram novos elementos para essa negociação.

Muanis (2018b) observa que existe uma ideia de busca e de satisfação pelo indivíduo que consome o dispositivo em toda a sua amplitude, e, no caso da televisão, essa fruição vem pelo conteúdo, seja este algo para ser lido, seja para ser visto. Ao pesquisar o conteúdo que deseja, o público também desliza entre plataformas. Atualmente, é possível afirmar que não há uma divisão clara entre as práticas online e as da "vida real"; afinal, nos tornamos indivíduos conectados. Em 2013, o governo do Reino Unido encomendou ao antropólogo Daniel Miller (2013) um estudo sobre futuro, identidade e internet. Ao definir identidade como uma condição variável, histórica e cultural, atribuída e adotada — e não um estado psicológico —, ele concluiu que a maioria das pessoas, hoje, engaja-se num mix de comunicações com uma multiplicidade de identidades online/off-line, sem uma diferença clara entre elas. A identidade online apenas revela e nos deixa mais conscientes de que nossa identidade off-line já era múltipla, contextualizada cultural e historicamente. A internet não representa outro domínio ou espaço social — ela já se integrou ao nosso cotidiano e é essencial para a nossa comunicação. Nós nos revelamos como indivíduos pelo que consumimos, comentamos, produzimos e compartilhamos off-line e online, utilizando as redes e plataformas sociais, interativas. Portanto, é natural que encontros, embates, conflitos da sociedade off-line existam também no mundo online, ainda que sejam exacerbados pelas ferramentas tecnológicas e práticas características da internet.

O espectador audiovisual da atualidade, com subjetividades próprias, consome, muitas vezes e ao mesmo tempo, conteúdo audiovisual em diversas telas, administrando a sua percepção e o seu tempo de uma forma nunca antes experimentada. O público que assiste a uma telenovela em uma plataforma digital não é de um universo histórico e cultural diferente do público que assiste a uma telenovela dentro da programação da televisão linear. Podem ser, inclusive, as mesmas pessoas, como já observado, embora existam muitas diferenças na experiência de consumo. Junto com programas jornalísticos, esportivos e reality shows, a telenovela ainda tem valor quando exibida ao mesmo tempo para milhões de pessoas. Primeiro, porque supostamente segue a rotina da casa, como analisado no segundo capítulo; segundo, porque o fato de a telenovela ter um horário fixo diário dentro do fluxo de programação, reforça o laço social que ela proporciona, como analisado por Wolton (1996); e, ainda, as dimensões da ideia de pertencimento, apontadas por Eneida Nogueira. Como é que esses valores e aspectos da telenovela podem deslizar junto com ela para as plataformas digitais e novas mídias? O que sustenta a televisão brasileira é a telenovela ou o contrário? Ambas as hipóteses são verdadeiras.

Em 2013 foi a primeira vez que entre os indicados aos prêmios Emmy estava uma série feita para VOD, *House of Cards*, produzida pela Netflix. Em 2019, foram 14 os indicados que vieram de plataformas digitais como Netflix, Hulu e Amazon Prime Video. Mirian de Icaza Sánchez (Svartman e Sánchez, 2018) acredita que a telenovela deslizará para outras plataformas e mídias como uma demanda do público multiplataforma. Ela não vislumbra o fim da telenovela. Curiosamente, após 26 anos na área de controle de qualidade da TV Globo, a pesquisadora foi contratada por uma plataforma digital internacional para, em suas palavras, fazer o que fez na TV Globo, ou seja, avaliar projetos para o Brasil.

O maior agente transformador da telenovela é justamente o público. Então, uma das pistas de como esse deslizamento da telenovela para novas mídias pode ser possível está na importância das ferramentas sociais para o público. Elas possibilitam que a ideia de pertencimento, que a telenovela oferece, permaneça de alguma forma. Como observa Shirky (2010), essas ferramentas sociais facilitam justamente que pessoas de diferentes lugares, mas que acreditam ou desejam as mesmas coisas, se encontrem e formem grupos de discussão e colaboração. A telenovela cria um repertório comum em meio à tendência de fragmentação e segmentação do conteúdo. Enquanto uma telenovela está no ar, como acontece com eventos esportivos ou notícias, textos sobre a narrativa estão em todas as mídias sociais. No entanto, se a telenovela estiver disponível em uma plataforma digital fora do fluxo de programação da televisão aberta, essa troca poderá ser reduzida, perdendo a qualidade de "ao vivo".

Muanis (2018b) observa que a produção do canal de YouTube do grupo Porta dos Fundos, comprado em 2017 pela Viacom, segue um modelo de distribuição similar ao da televisão, com data e hora para o lançamento de cada episódio. Apple TV+, HBO Max e Netflix fazem o mesmo com algumas de suas séries e alguns de seus filmes, anunciando a data e a hora em que estarão disponíveis para streaming. Talvez esse modelo ofereça uma possível transição entre assistir a uma telenovela dentro do fluxo de programação e a experiência de assisti-la por meio da plataforma digital.

A convergência de telas e mídias, no entanto, não é sobre a substituição de uma forma de consumo por outra, mas a soma das duas. Essa mistura de experiências pode ser o futuro da espectatorialidade da telenovela, o que prolongaria o atual modelo de negócios da televisão. Novas métricas de audiência, que incluem as diferentes mídias do mesmo produto, poderiam manter o modelo de negócios suportado pela publicidade e apoiar um modelo híbrido, com recursos gerados por assinantes e vendas de espaços comerciais. Tradicionalmente, a televisão utiliza no mercado uma abordagem baseada em painel, tendo como métricas os GRPS (*Gross Rating Points*) — no caso do Brasil, uma amostragem da audiência das 15 principais cidades do país que resultam em uma pesquisa quantitativa (pnt). As pesquisas qualitativas, ou *focus groups*, ajudam a avaliar o conteúdo — no caso de uma telenovela, a rejeição ou aceitação de personagens e tramas.

As plataformas digitais, além do público, utilizam um conjunto de métricas de desempenho que buscam avaliar o nível de engajamento dos espectadores. Desde 2016, o instituto de pesquisa Nielsen integra, além da TV digital, o celular (dispositivos móveis) à sua oferta de métricas para publicidade, a chamada *Total Ad Ratings* e *Digital Ad Ratings*. Durante a pandemia, em 2020, a Kantar Ibope Media lançou o *Focal Meter*, a ser instalado em roteadores de internet. O objetivo é complementar dados de audiência em tempo real da televisão em outras plataformas digitais, ainda levando em conta o modelo de negócios apoiado na publicidade. Com a chegada dessa tecnologia ao Brasil, a telenovela poderia se tornar viável, considerando um modelo de negócios em parte apoiados pela publicidade, se pudesse atrair um público de massa na mídia combinada. Esse modelo poderia ser adicionado à receita de assinaturas.

As novelas da TV Globo são exibidas pela plataforma digital, mas a publicação ocorre depois da exibição na tv. No caso de *Verdades secretas 2*, a televisão aberta foi a segunda janela. Esses podem ser caminhos paralelos ou convergentes para a produção de telenovelas, sustentadas por seus principais modelos de negócios na atualidade — publicidade e assinatura. No entanto, acredito que a proliferação de plataformas transnacionais com investimentos substanciais vai pressionar pela otimização do conteúdo nacional dentro do ecossistema midiático da empresa.

Catherine Johnson (2019) avalia que a internet funcionou durante muitos anos como uma extensão da televisão, com narrativas transmídia, conteúdos sobre os programas de televisão, colaborativos e outras experiências fora do aparelho de tv. Na última década, a relação entre a televisão e a internet se transformou. A internet se tornou uma mídia em que se pode assistir a conteúdo televisivo. A Online TV que Johnson descreve é forjada por uma série de serviços que facilitam assistir ao conteúdo audiovisual selecionado em uma infraestrutura e dispositivos conectados. A autora observa que existe uma continuidade entre serviços de vídeo online e as televisões aberta e a cabo, além das plataformas e extensões digitais das emissoras, uma vez que todas essas formas de assistir à televisão coexistem como nós — off-line e online.

Eneida Nogueira também avalia que a telenovela poderá deslizar para plataformas digitais, mas a pesquisadora acredita, no entanto, que precisaria existir uma transformação no formato, como, por exemplo, uma edição, para que as telenovelas fossem mais curtas nas plataformas digitais. "A novela é muito longa, tem a dinâmica da grade fixa e da harmonia com a rotina do dia a dia. Não vejo as pessoas assistindo *on demand* a 180 capítulos de novela." Mesmo na televisão, as telenovelas vêm se tornando mais curtas. O crítico Maurício Stycer avalia que "nos dias atuais, diante do interesse crescente do público por séries, creio que a Globo deveria radicalizar este processo de encurtamento de suas novelas".[15] Stycer, porém, ressalta que telenovelas mais curtas influenciam o modelo de negócio da televisão, já que se trata de um produto caro que gera mais lucros à medida que a duração é estendida — uma grande parte dos recursos é utilizada na implementação, como, por exemplo, a construção de cenários.

O folhetim foi do jornal para a literatura e depois para o rádio e a televisão. Da mesma forma, o melodrama também se adaptou e se transformou, pois permeou diferentes mídias em diferentes momentos históricos. O melodrama já viajou dos palcos do teatro para outros meios de comunicação, como o rádio e depois o cinema e a televisão. A telenovela, assim como seus pilares, o melodrama e o folhetim, nunca foi estática

---

15. Disponível em: https://tvefamosos.uol.com.br/blog/mauriciostycer/2019/02/02/por-que-e-preciso-urgentemente-reduzir-a-duracao-das-novelas?. Acessado em 2 fev. 2019.

e sempre se adaptou ao tempo dela e também aos objetivos comerciais. Filippelli (2021), responsável por abrir o mercado internacional para as telenovelas da Globo na década de 1970, explica como a adaptação da telenovela *Escrava Isaura* de uma centena de capítulos para trinta contribuiu para que tivesse sucesso internacional. As telenovelas continuam sendo editadas e adaptadas quando vendidas para outros países. *Totalmente demais*, por exemplo, tinha originalmente 175 capítulos, mas em 2020 a telenovela foi exibida na Croácia com apenas 130. As novelas também sofrem modificações quando são reexibidas no Brasil, seja no horário de reprises vespertino, seja nas edições especiais que aconteceram durante a pandemia.

De acordo com Daniel Filho (2001), o principal objetivo da televisão é informar e agradar ao público:

> Existe uma relação essencial, na qual o público, de uma forma ou de outra, é o senhor. Ele tem o poder de manter no ar os programas de que gosta e eliminar os que desagradam. Não vejo como essa situação, essa ligação fundamental entre a televisão e o público, possa se modificar no futuro, pelo menos num futuro imediato.

Para o diretor, a telenovela vai permanecer, uma vez que o folhetim existe há muito tempo e continuará existindo nas novas plataformas de transmissão de conteúdo pela internet. Para ele, a telenovela tem o papel social da grande "fofoca", gera assunto para que as pessoas troquem opiniões e experiências similares às quais elas vivem na sociedade. Além da importância desses discursos terciários — analisados por Fiske (1987) —, Eneida Nogueira considera que a telenovela faz parte da rotina brasileira e, se não houver uma mudança drástica nisso, continuará a ser popular. "Você precisa ficar o tempo todo observando o que acontece com as pessoas e então ir calibrando o que está oferecendo para acompanhar isso. Rotina dá segurança, é familiar. As pessoas gostam de se sentir num lugar onde elas reconhecem o que está acontecendo." (Svartman e Nogueira, 2018) Daniel Filho (2001) não acredita em uma crise; ele enxerga mudança. A telenovela, portanto, se transformará porque o público deseja isso.

O futuro da telenovela está nas mãos do telespectador e o futuro da televisão brasileira está nas mãos da telenovela. Executivos que dirigem grandes emissoras e grupos de mídia precisam estar atentos ao formular as estratégias de deslizamento de conteúdo para plataformas digitais em relação ao formato, à linguagem e à distribuição. Eneida Nogueira destaca que a audiência massiva da televisão atende ao anseio da convivência em família: "A TV é uma mídia compartilhada. Tem coisas que ainda são comuns às pessoas. Quando chegou o cabo, todo mundo disse 'a televisão aberta vai acabar', mas vai ficar todo mundo sozinho? As pessoas querem ficar juntas." A pesquisadora compara alguns programas de televisão com os filmes para família de Hollywood.

Johnson (2019) faz um paralelo entre empresas que são nativas da televisão e empresas de conteúdo audiovisual que são nativas digitais. As primeiras são provedoras de conteúdo por meio da transmissão broadcast, a cabo, por satélite e pela TV digital. Essas empresas, como a TV Globo, estendem seu serviço às plataformas digitais online, possuem um histórico de produção, aquisição e entrega de conteúdo e têm acesso a grandes catálogos de acervo. As que são nativas digitais, por sua vez, oferecem serviços online e possuem um serviço de TV para todo o ecossistema da internet. Essas empresas, como Netflix, Amazon e Hulu, passaram a produzir conteúdo e a investir um volume grande de recursos nisso. É preciso ressaltar, apesar de Johnson não fazer essa distinção, que plataformas como a Amazon Prime e Apple+, por exemplo, ligadas a grandes empresas de tecnologia, não tem como negócio principal o conteúdo audiovisual, como é o caso da Netflix e do HBO Max. Essas empresas podem ter estratégias diferentes no que diz respeito a investimento e margem de lucro. Para a pesquisadora, a grande vantagem que as empresas nativas da televisão têm sobre as nativas digitais é o acervo e a relação já estabelecida com o público, como já foi ponderado no quarto capítulo deste livro. A crítica de televisão Kogut observa:

> Quem gosta de afirmar que a novela é um gênero em extinção que foi engolido pelas séries americanas deve morder a língua. Isso ficou mais do que provado durante a pandemia. As séries são

maravilhosas, mas ocupam outro compartimento no coração do público brasileiro. As novelas seguem num lugar de honra, e esse território só se ampliou nos últimos meses. (Kogut, 2020)

No entanto, Johnson (2019) afirma que um ponto crítico é a regulação das plataformas VOD em cada país e o impacto na produção e distribuição de conteúdo. Até fevereiro de 2023, o VOD ainda não havia sido regulamentado no Brasil. Além dos impostos, fomento de conteúdo nacional, reserva de mercado e a questão da proeminência de conteúdos nacionais na plataforma, a importante questão dos direitos autorais das obras brasileiras nessas plataformas são temas que também não foram ainda devidamente abordados.

Este livro já tratou de pesquisas quantitativas e qualitativas e da relevância que elas têm na definição da programação e legitimação do sucesso de uma telenovela. No entanto, as empresas nativas de um novo paradigma de produção, distribuição e exibição de conteúdo em plataformas digitais contam com uma vantagem importante com relação aos competidores: os dados. Os dados que essas empresas obtêm dos usuários em suas plataformas têm papel central em todo o modelo de negócios. Por exemplo, os dados têm uma atribuição fundamental na publicidade, alimentando todo o ciclo das campanhas; na oferta de conteúdo em serviços de assinatura; dados do usuário também alimentam todas as etapas — da seleção do conteúdo para produção à oferta individualizada. A segmentação da audiência baseada em dados é um elemento-chave para alavancar dois grandes modelos de receita: assinaturas e publicidade. Dados do consumidor fornecem meios para expandir audiências e criar novas formas de engajamento, além de novos modelos de negócios. No caso de plataformas digitais de conteúdo audiovisual, ajudam a refinar ofertas, o que permite entender exatamente quem, o quê, onde, quando, como e por que os conteúdos estão sendo consumidos e otimizá-los ainda mais.

O acúmulo e o uso de dados por diversas corporações reforça o conceito de ambiente de aprendizagem contínua dessas empresas em tempo real, orientando toda a experiência da mídia. A Netflix, por exemplo, usa um modelo de atribuição de recursos para seu conteúdo a fim de impulsionar o algoritmo de recomendação com base nos dados do usuário. Busca também ilustrar filmes e séries na plataforma de forma personalizada, além da produção de séries originais, que também é influenciada por esse sistema. Com esse método, a plataforma Netflix não precisa se concentrar apenas em conteúdos atraentes para um público massivo, uma vez que pode apostar em conteúdos que atraiam públicos específicos já identificados pelo serviço. Esse público segmentado e diversificado compõe um grupo maciço de um catálogo desigual a que nenhum usuário tem acesso na totalidade. Tudo é feito sob medida.

Mesmo que Bela Bajara, diretora de conteúdo da Netflix, (Syme, 2023) admite a recente busca por conteúdos comerciais transnacionais, como foi observado em capítulos anteriores, não existe a expectativa de um público de massa para todas as obras da plataforma, como acontece na programação linear da televisão aberta, por exemplo. Com já apontei, a convergência de mídias e modelos de negócios, usando como exemplo a telenovela na plataforma digital Globoplay e na televisão aberta, é uma tendência pela pressão da concorrência e consequente otimização do conteúdo. Contudo, pondero aqui também que se, em 2021, 57% da população brasileira já possuía TV conectada (Obitel, 2022), então talvez as mudanças na espectatorialidade também acelerem a convergência dessas mídias e telas. No Brasil, pode ser que a chave para isso seja, mais uma vez, a telenovela, pela história e pelas matrizes popular e cultural. Em diversos aspectos, para muitas pessoas, a telenovela é sinônimo de televisão, seja em qual plataforma estiver. Francisco Ramos,[16] vice-presidente de conteúdo da Netflix para a América Latina, de origem mexicana, observa que cresceu vendo telenovelas brasileiras. Ele acredita que os novelistas criaram histórias que moldaram a narrativa da TV no Brasil e que produzir uma telenovela brasileira "é uma ambição e parte do novo plano".

Se, por um lado, a televisão tradicional contou nas últimas décadas com o trabalho de profissionais como Eneida

---

16. https://natelinha.uol.com.br/mercado/2021/02/21/chefao-da-netflix-na-america-latina-garante-produzir-novela-brasileira-e-parte-do-plano-159093.php.

Nogueira e Mirian e Homero Icaza Sánchez à frente de departamentos de pesquisa de uma emissora como a TV Globo, por outro lado, a plataforma de streaming pode oferecer um algoritmo sofisticado. Essas organizações extraem valor dos dados na forma de previsões, analisam conjuntos de dados que atendem aos objetivos e, assim, criam vantagens competitivas. Maior previsibilidade é um dos principais diferenciais, pois transforma fundamentalmente essas empresas, que deixam de operar como ambientes reativos gerenciados por dados estáticos e obsoletos. A previsibilidade, porém, não substitui a sensibilidade do autor ou dos criadores e diretores de uma obra audiovisual, além do olhar dos executivos da empresa, na escolha da obra que será produzida. Se os dados fossem suficientes, todas as produções dessas plataformas seriam bem-sucedidas, mas o que se observa é o cancelamento e a descontinuação de séries. São ajustes de conteúdo semelhantes ao que ocorre na televisão aberta. A vice-presidente de conteúdo da Netflix no país, Elisabetta Zenatti, observa: "Não existe algoritmo que vai te dizer: invista nisso. A gente se surpreende muito com esse *feeling*. Eu te diria que 90% do esforço de conteúdo local está relacionado a esse *feeling*." (Pacete, 2023)

Ao escrever sobre a revolução cognitiva que 70 mil anos atrás deu origem à história do homem, o historiador Yuval Noah Harari (2015) defende que o que fez os seres humanos diferentes, o traço verdadeiramente único do *Homo sapiens*, é a capacidade de criar e acreditar em ficção. Todos os outros animais usam os respectivos sistemas de comunicação para descrever a realidade. Nós usamos nosso sistema de comunicação para criar novas realidades — como exemplo, ele menciona ficções como dinheiro e religião, que tornaram possíveis a colaboração e a convivência entre grupos. Para Harari, existe uma dimensão intersubjetiva na rede de comunicação que liga a consciência de muitos indivíduos. O universo de uma telenovela também tem uma dimensão intersubjetiva enquanto está no ar, com seus personagens, territórios e tramas, tornando-se parte da realidade de milhões de brasileiros que consomem, interagem e se relacionam com ela de várias formas. No entanto, é também uma narrativa melodramática que permeia a história e o repertório do Brasil, adaptando-se e transformando.

Enquanto a telenovela continuar a fazer parte da cultura brasileira, continuará sendo um produto de massa. Além disso, como produto de massa, a telenovela, consumida em qualquer plataforma, mídia ou tela, continuará sendo uma telenovela e, portanto, a televisão brasileira. Textos secundários e terciários também estão presentes nessas diversas mídias e plataformas e fazem parte do consumo dessas obras. A telenovela é o equivalente, no Brasil, aos filmes *blockbuster* estadunidenses, aos livros *best sellers* mundiais, às músicas que provocam milhões de downloads na internet e aos shows que lotam estádios ao redor do planeta.

No entanto, em todos esses exemplos, a cultura e o mercado andam juntos. A continuidade da telenovela depende da gestão de empresas e dos executivos por trás dessas corporações. Antes de avaliar o modelo de negócios, é preciso observar e preservar o diálogo com o público construído ao longo de décadas, levando em conta a força da telenovela como matriz narrativa latino-americana. E elementos importantes da relação da telenovela com a sociedade brasileira e o momento histórico-cultural podem surgir resultantes de pesquisas, dados, redes sociais, ou pela sensibilidade de um autor.

Em tempos de proliferação de textos produzidos por inteligência artificial e o questionamento por pares se isso significa o fim da autoria, me recordo da famosa frase de Terêncio, dramaturgo e poeta romano da Antiguidade: "Sou humano, nada do que é humano me é estranho."[17] Diante de histórias contadas por máquinas, reflito: sou humana, tudo que é artificial me é estranho. As máquinas podem ser ferramentas muito úteis para que se possa contar histórias, e apenas isso. A sensibilidade, as pequenas imperfeições, a fruição, tudo isso faz parte do que é ser humano e do que é contar histórias. E assim seguimos.

---

17. *Homo sum; humani nil a me alienum puto.*

Bibliografia

A Ancine, 2016. Disponível em: http://oca.ancine.gov.br/televisao. Acesso em: 26 jul. 2020.

Adnews. *Globo reforça estratégia multiplataforma com spin-off de 'Totalmente demais'*, 2016. Disponível em: https://adnews.com.br/globo-reforca-estrategia-multiplataforma-com-spin-de-totalmente-demais. Acesso em: 26 jul. 2020.

Adorno, T. e Horkheimer, M. *A indústria cultural*: O esclarecimento como mistificação das massas. Rio de Janeiro: Jorge Zahar, 1986.

Alencar, M. *A Hollywood brasileira:* Panorama da telenovela no Brasil. Rio de Janeiro: Senac, 2002.

Allen, R. Audience-Oriented Criticism and Television. In*: Channels of Discourse, Reassembled*: *Television and Contemporary Criticism*. Londres: Routledge, 1992.

Almeida, H. "Muito mais coisas": Telenovela, consumo e gênero. Tese de doutorado, Universidade Estadual de Campinas, Instituto de Filosofia e Ciências Humanas, 2001.

____. Melodrama comercial: Reflexões sobre a feminilização da telenovela. In: *Cadernos Pagu*, n. 19, 2002.

Alves, V. TV *Tupi, uma linda história de amor*. São Paulo: Imprensa Oficial do Estado de São Paulo, 2008.

Anderson, C. *A cauda longa:* Do mercado de massa para o mercado de nicho. Rio de Janeiro: Elsevier, 2006.

Baccega, M.; Tondato, M.; Orofino, M.; Nunes, M.; Junqueira, A.; Budag, F.; Abrão, M.; e Marcelino, R. Fãs de telenovelas: Construindo memórias – das mídias tradicionais à digital. In: Lopes, M. (org.). *Por uma teoria de fãs da ficção televisiva brasileira*. Porto Alegre: Editora Sulina, 2015.

Bahia, L. A telona e a telinha: Encontros e desencontros entre cinema e televisão no Brasil. Tese de doutorado, Universidade Federal Fluminense, Instituto de Artes e Comunicação Social, programa de pós-graduação em Comunicação, 2014.

Barbosa, L. *Sociedade de consumo*. Rio de Janeiro: Jorge Zahar Editor, 2004.

Barbosa, M. Imaginação televisual e os primórdios da TV no Brasil. In: Sacramento, I.; Roxo, M.; e Goulart Ribeiro, A. *História da televisão no Brasil*. Rio de Janeiro: Contexto, 2010.

Benkler, Y. Degrees of Freedom: Dimensions of Power. In: *Daedalus*, Harvard, v. 145, n. 1, 2016.

Borelli, S. Migrações narrativas em multiplataformas: Telenovelas "Ti-ti-ti" e "Passione". In: Lopes, M. (org.). *Ficção televisiva transmidiática no Brasil:* Plataformas, convergência, comunidades virtuais. Porto Alegre: Sulina, 2011.

____ et al. Narrativas da juventude e do feminino. In: Lopes, M. I. V. de (org.). *Ficção televisiva no Brasil*: Temas e perspectivas. São Paulo: Globo, 2009.

Borges, J. L. Sobre o rigor na ciência. In: *História universal da infâmia*. Lisboa: Assírio e Alvim, 1982.

Bourdieu, P. *Sobre a televisão*. Rio de Janeiro: Jorge Zahar, 1997.

Bourdon, J. Is the end of Television coming to an end? In: VIEW *Journal of European Television History and Culture*, v. 7, n. 13, 2018.

Bragança, M. Trópicos de lágrimas: Um estudo sobre melodrama e América Latina a partir do cinema de cabaretera mexicano e da literatura de Manuel Puig. Tese de doutorado, Universidade Federal Fluminense, programa de pós-graduação em Letras, 2007.

Brandão, C. As primeiras produções teleficcionais. In: Sacramento, I.; Roxo, M.; e Ribeiro, A. P. G. (org.). *História da televisão no Brasil*. Rio de Janeiro: Contexto, 2010.

Britto, T. e Bravo, Z. Especialistas explicam o fenômeno "Avenida Brasil". In: *O Globo*, 2012. Disponível em: https://oglobo.globo.com/cultura/revista-da-tv/especialistas-explicam-fenomeno-avenida-brasil-6448625. Acesso em: 12 dez. 2018.

Brooks, P. A imaginação "melodramática": Balzac, Henry James: "Melodrama" e o modo de excesso. In: *Estudos de ficção moderna*, v. 23, n. 2, 1976.

Caldwell, J. Convergence Television: Aggregating Form and Repurposing Content in the Culture of Conglomeration. In: Spiegel, L. e Olsson, J. (orgs.). *Television after TV*. Duke University Press, 2004.

Campbell, C. *A ética romântica e o espírito do consumismo moderno*. Rio de Janeiro: Rocco, 2001.

Campbell, C. Eu compro, logo sei que existo: As bases metafísicas do consumo moderno. In: Barbosa, L. e Campbell, C. (orgs.) *Consumo, cultura e identidade*. Rio de Janeiro: Editora FGV, 2006.

Campos, F. *Roteiro de cinema e televisão*. Rio de Janeiro: Zahar, 2007.

Casetti, F. e Odin, R. Da paleo à neotelevisão: Abordagem semiopragmática. In: *Ciberlegenda*, n. 27, 1998.

Casetti, F. O pacto comunicativo em neoinformação. In: J. Talens, *Work Papers of the Center for Semiotics and Show Theory*. 1ª ed. Valência: Shakespeare Institute Foundation, 1988; Instituto de Cinema e TV, v. 5.

Castro, D. Globo exibe seios em *Malhação* às 17h24 e choca telespectadores. In: *Notícias da TV*, 2014. Disponível em: http://noticiasdatv.uol.com.br/noticia/televisao/globo-exibe-seios-em-malhacao--as-17h24-e-choca-telespectadores-5122. Acesso em: 8 ago. 2016.

Chatman, S. *Story and Discourse*: Narrative Structure in Fiction and Film. Nova York: Universidade Cornell, 1978.

Clark, K. El desnudo corporal y el desnudo artístico. In: *El desnudo:* Un estudo de la forma ideal. Madri: Alianza, 1987.

Comparato, D. *Da criação ao roteiro.* Rio de Janeiro: Rocco, 1996.

Crary, J. *Técnicas do observador:* Visão e modernidade no século XIX. Rio de Janeiro: Contraponto, 2012.

D'Alessandro, A. O CEO da NBCUniversal, Jeff Shell, diz que o acordo do Estúdio com a AMC "pode tocar em um público muito grande" que não frequenta cinemas. In: *Prazo final,* 2020. Disponível em: https://deadline.com/2020/07/universal-amc-theatrical-window-collapse-jeff-shell-comments-1202999394/. Acesso em: 26 jul. 2020.

Dezan, A. Ricardo Linhares avalia "Babilônia" e não se arrepende por beijo gay. In: *Ego,* 2015. Disponível em: http://ego.globo.com/televisao/noticia/2015/08/ricardo-linhares-avalia-babilonia-e-nao-se-arrepende-por-beijo-gay.html. Acesso em: 25 nov. 2018.

Dostoiévski, F. *Os irmãos Karamázov.* Nova York: Farrar, Straus e Giroux, 1990.

Drummond, Lucas. *50 anos de telenovelas, a trajetória da representação homossexual e o beijo gay que parou o Brasil.* Curitiba: Appris, 2015.

Duda Monteiro de Barros. Escalação de elenco de "O Segundo Sol", nova novela das 9, é criticada. In: *Veja,* 2018. Disponível em: https://veja.abril.com.br/blog/virou-viral/segundo-sol-nova-novela-elenco-negros. Acesso em: 2 dez. 2018.

Dumas, A. *O conde de Monte Cristo.* Londres: Penguin, 2003.

Eco, H. Tevê: A transparência perdida. In: *Viagem na irrealidade cotidiana.* Rio de Janeiro: Nova Fronteira, 1984.

El Fahl, A. O. F. Um brinde às fontes: Uma breve história da presença literária em nossas telenovelas. In: *Scriptorium,* v. 8, n. 1. Porto Alegre, 2022.

Ellis, J. *Visible Fictions.* Londres: Routledge, 1982.

Esquenazi, J.-P. *Sociologia dos públicos.* Lisboa: Porto, 2006.

Estadão Conteúdo, 2020. Disponível em: https://exame.com/casual/em-meio-a-pandemia-novelas-repetidas-sao-campeas-de-audiencia/ Acesso em: 26 maio 2021.

Fechine, Y. e Figueirôa, A. Transmidiação: Explorações conceituais a partir da telenovela brasileira. In: Lopes, M. (org.). *Ficção televisiva transmidiática no Brasil:* Plataformas, convergência, comunidades virtuais. Porto Alegre: Sulina, 2015.

Fechine, Y.; Gouveia, D.; Almeida, C.; Costa, M.; e Estevão, F. Como pensar conteúdos transmídias na teledramaturgia brasileira? Uma proposta de abordagem. In: Lopes, M. I. V. de (org.). *Estratégias de transmidiação na ficção televisiva brasileira.* Porto Alegre: Editora Meridional, 2013.

Fechine, Y. Transmidiação e cultura participativa: Pensando as práticas textuais de agenciamento dos fãs de telenovelas brasileiras. In: *Revista Contracampo,* v. 31, n. 1, 2014.

Fechine, Y.; Gouveia, D.; Teixeira, C.; Almeida, C.; Costa, M.; e Cavalcanti, G. , Governo da participação: uma discussão sobre processos internacionais em ações transmídia In: Lopes, M.I.V. (org.). *Por uma teoria de fãs da ficção televisiva brasileira.* Porto Alegre: Editora Meridional, 2015.

Fernandes, I. *Memória da telenovela brasileira.* São Paulo: Brasiliense, 1994.

Fernando, J. Malu Mader relembra reação conservadora do público em "O Dono do Mundo". In: *O Estado de S. Paulo,* 2014. Disponível em: https://cultura.estadao.com.br/noticias/televisao,malu-mader--relembra-reacao-conservadora-do-publico-em-o-dono-do-mundo,1582226. Acesso em: 25 nov. 2018.

Feuer, J. Genre Study and Television. In: Allen, R. (org.). *Channels of Discourse, Reassembled*: *television and contemporary criticism.* Londres: Routledge, 1992.

Field, S. *Manual do roteiro.* São Paulo: Objetiva, 1995.

Figueiredo, V. L. F. de. Ficção de resistência na cultura de arquivo. In: *Anais Compós,* n. XXVI, 2017.

____. O teatro das sombras: A crítica das imagens técnicas e nostalgia do mundo verdadeiro. In: *Revista Significação,* n. 35, 2011.

Filho, D. *O circo eletrônico:* Fazendo TV no Brasil. Rio de Janeiro: Zahar, 2001.

Filippelli, J. R. *A melhor televisão do mundo:* Meus tempos de Globo na Europa. São Paulo: Editora Terceiro Nome, 2021.

Fiske, J. *Cultura televisiva.* Londres/Nova York: Methuen, 1987.

Fiuza, S. e Ribeiro, A. *Autores:* História da teledramaturgia, v. 1. São Paulo: Editora Globo, 2008.

Globo celebra alcance de mais de 100 milhões de pessoas por dia. TV Globo, 2017. Disponível em https://redeglobo.globo.com/novidades/noticia/globo-celebra-alcance-de-mais-de-100-milhoes-de-pessoas-por-dia.ghtml. Acesso em: 6 out. 2018.

GMSP Grupo de Mídia São Paulo. Disponível em: https://midiadados2020.com.br/midia-dados-2020. Acesso em: 26 mai. de 2021.

Góes, F. Globo investe com recursos próprios. In: *Valor Econômico,* 2020. Disponível em: https://valor.globo.com/empresas/noticia/2020/03/17/globo-investe-com-recursos-proprios.ghtml. Acesso em: 14 maio 2020.

____. Globo fatura R$ 12,5 bi e mantém investimento. In: *Valor Econômico,* 2021, 2022. Disponível em: https://valor.globo.com/empresas/noticia/2021/03/26/globo-fatura-r-125-bi-e-mantem-investimento.ghtml. Acesso em: 26 maio 2021. https://valor.globo.com/empresas/noticia/2022/03/31/receita-da-globo-alcanca-r-144-bi-em-2021-sembarreira.ghtml. Acesso em: 20 fev. 2023.

Graziela, L. Fansites ou o "consumo da experiência" na mídia contemporânea. In: *Horizontes antropológicos,* v. 13, n. 18, 2007.

Greco, Clarice. *Virou Cult! Telenovela, nostalgia e fãs*. Editora Jogo de Palavras e Provocare Editora, 2019.

Grijó, W. e Araújo, G. Fanfictions e telenovela: Ficção seriada televisiva na cultura participativa. In: *Vozes e diálogo*, v. 15, n. 2, 2016. Disponível em: https://siaiap32.univali.br/seer/index.php/vd/article/view/8841. Acesso em: 3 fev. 2019.

Gshow. Fãs assistem cena de Afonso e encontram Romulo Estrela em oficina de "Deus Salve o Rei", 2018. Disponível em: https://gshow.globo.com/novelas/deus-salve-o-rei/noticia/fas-assistem-cena-de-afonso-e-encontram-romulo-estrela-em-workshop-de-deus-salve-o-rei.ghtml. Acesso em: 19 jan. 2019.

Hall, S. Teoria da recepção. In: Sovik, L. (org.). *Da diáspora*: Identidades e mediações culturais. Tradução Adelaine La Guardia Resende. Belo Horizonte: Editora UFMG; Brasília: Representação da Unesco no Brasil, 2003.

Hamburger, E. Telenovelas e interpretações do Brasil. In: *Lua Nova*, 2011.

Harari, Y. *Sapiens, uma breve história da humanidade*. Porto Alegre: L&PM, 2015.

Hills, M. *Fan cultures*. Londres: Routledge, 2002.

Howard, D. e Mabley, E. *Teoria e prática do roteiro*. Rio de Janeiro: Editora Globo, 2002.

IBGE. Censo 2010: Número de católicos cai e aumenta o de evangélicos, espíritas e sem religião, 2010. Disponível em: https://censo2010.ibge.gov.br/noticias=-censo?id3=&idnoticia2170=&viewnoticia. Acesso em: 22 jul. 2020.

Instituto de Pesquisa Nielsen. *The Force Is With Them: The Buying Power of Star Wars Fans*. Instituto de Pesquisa Nielsen, 2015. Disponível em: www.nielsen.com/us/en/insights/news/2015/the-force-is-with-them-the-buying-power-of-star-wars-fans.html. Acesso em: 21 jan. 2019.

Jardim, L. O lucro da Globo. In: *O Globo*, 2020. Disponível em: https://blogs.oglobo.globo.com/lauro-jardim/post/o-lucro-da-globo.html. Acesso em: 26 jul. 2020.

Jenkins, H. *Convergence Culture: Where Old and New Media Collide.* Nova York: New York University Press, 2006.

Jenkins, H.; Ford, S.; e Green, J. *Spreadable Media*: Creating Value and Meaning in a Networked Culture. Nova York: New York University Press, 2013.

Jenkins, H.; Ito, M.; e Boyd, D. *Participatory Culture in a Networked Era.* Cambridge: Polity Press, 2016.

Johnson, C. *Online TV.* Nova York: Routledge, 2019.

Keen, A. *O culto do amador:* Como blogs, MySpace, YouTube e a pirataria digital estão destruindo nossa economia, cultura e valores. Rio de Janeiro: Jorge Zahar, 2009.

Keynote brand of the Year: Richard Dickson, Mattel-MIPTV 2016. YouTube, 2016. Disponível em: www.youtube.com/watch?v=ozR56w_cRj8. Acesso em: 26 jul. 2020.

Kogut, P. Antigas novelas, novas formas de assistir. In: *O Globo*, 3 maio 2021.

____. O amor dos brasileiros pela telenovela só cresce. In: *O Globo*, 2020. Disponível em: https://kogut.oglobo.globo.com/noticias-da-tv/critica/noticia/2020/07/o-amor-do-brasileiro-pelas-novelas-so-cresce.html. Acesso em: 26 jul. 2020.

Kozloff, S. Teoria narrativa e televisão. In: Allen, R. (org.). *Canais de discurso remontados.* Londres: Routledge, 1992.

Lang, J. Netflix's Francisco Ramos on Diversifying Talent and Content to Reach New Audiences in Ventana Sur. In: *Variety*, 2020. Disponível em: https://variety.com/2020/tv/festivals/netflix-francisco-ramos-diversity-ventana-sur-1234844661/. Acesso em: 27 maio 2021.

Lessig, L. *Cultura livre.* Trama Universitário, 2005.

Livingstone, S. Media Consumption and Public Connection. In: *Media Consumption and Public Engagement Beyond the Presumption of Attention*. Londres: Palgrave Macmillan, 2010.

Lopes, M. A Case Study on Transmedia Reception: Fandom on Facebook and Social Issues in the Brazilian Telenovela *Passione*. In: *Anàlisi*, Bellaterra, Barcelona, Monografic, 2012.

Lopes M. e Lemos, L. Melodrama in Times of Streaming. In: Lopes, M. e Gómez, G. (orgs.). *Observatório Ibero-Americano de Ficção Televisiva*. Porto Alegre: Sulina, 2020.

Lopes, M. e Gómez, G. *Modelos de distribuição de televisão pela internet:* Atores, tecnologias, estratégias. Porto Alegre: Sulina, 2019.

Lopes, M. I. V.; Piñón, J.; e Burnay, C. D. (coords.). *Obitel 2022*. Ediciones UC.

Lopes, P. Imitação da vida: A escrita cinematográfica e o melodrama. Tese de mestrado, Faculdade de Ciências Humanas, Universidade Católica Portuguesa, 2015.

Lotz, A. *Television? Balancing Historical Context and Hegemony*, 2021. Disponível em: https://www.youtube.com/watch?v=RdTgzUHjtlo&t=1053s. Acesso em: 21 jan. 2022.

____. *The Television Will Be Revolutionized*. Nova York: New York University Press, 2007.

Low, E. Netflix Reveals $17 Billion in Content Spending in Fiscal 2021. In: *Variety*, 2021. Disponível em: https://variety.com/2021/tv/news/netflix-2021-content-spend-17-billion-1234955953/. Acesso em: 5 jun. 2021.

Machado, A. Fim da televisão? In: *Revista Famecos*, Porto Alegre, v. 18, n. 1, 2011.

Manovich, L. Banco de dados. In: *Revista Eco-Pós*, v. 18, n.1, 2015. Disponível em: https://revistas.ufrj.br/index.php/eco_pos/article/view/2366. Acesso em: 25 jul. 2020.

____. Image Future. In: *Manovich.net*, 2006.

Martin, B. *Homens difíceis:* Os bastidores do processo criativo de *Breaking Bad, Família Soprano, Mad Men* e outras séries revolucionárias. São Paulo: Editora Aleph, 2014.

Martín-Barbero, J. *Dos meios às mediações.* Rio de Janeiro: Ed. UFRJ, 1997.

____. América Latina e os anos recentes: O estudo da recepção em comunicação social. In: Souza, M. W. (org.). *Sujeito, o lado oculto do receptor.* São Paulo: Brasiliense, 1995.

____., Muñoz, S. (coord.). *Televisión y melodrama.* Bogotá: Tercer Mundo, 1992.

____. e Rey, G. *Os exercícios do ver: Hegemonia audiovisual e ficção televisiva.* São Paulo: Senac, 2004.

Massarolo, J. C., Mesquita, D. Vídeo sob demanda: Uma nova plataforma televisiva. In: *Anais Compós*, 2016.

____.; ____.; Padovani, G.; Câmara, N. S.; Rezende, C. R.; Zago,. J. P. P.; Alvez, A. T.; e Barbosa, S. H. V. Práticas de binge-watching nas multiplataformas. In: CETVN, ECA-USP, 2016.

Mauss, M. *Ensaio sobre a dádiva.* Rio de Janeiro: Cosac Naify, 2004.

McKee, R. *Story.* São Paulo: Arte e Letra, 2010.

McLuhan, M. e McLuhan, E. *Laws of Media: The New Science.* Toronto: University of Toronto Press, 1988.

____. *Understanding Media:* The Extensions of Man. Nova York: McGraw-Hill, 1964.

____., Fiore, Q. *The Medium Is the Message.* Nova York: Bantam Books, 1967.

Messias, J. C. Notas sobre a pirataria de games no Brasil: Inclusão (digital) dos pobres e resistência. *Intexto*, Porto Alegre, UFRGS, n. 33, 2015.

Miller, D. *Future Identities: Changing Identities in the UK: The Next 10 Years,* 2013. Disponível em: https://www.gov.uk/government/publications/future-identities-changing-identities-in-the-uk. Acesso em: 25 jul. 2020.

Mittel, J. *Complex TV:* The Poetics of Contemporary Television Storytelling. Nova York: New York University Press, 2015.

Mobile time/Opinion Box. Disponível em: https://www.mobiletime.com.br/pesquisas/uso-de-apps-no-brasil-dezembro-de-2021/. Acesso em: 20 fev. 2023.

Mônaco, J. Memory Work, Autoethnography and The Construction of a Fan-Ethnography. In: *Participations, Journal of Audience & Reception Studies,* University of West England, v. 7, n. 1, 2010.

Morin, E. *As estrelas: Mito e sedução no cinema.* Rio de Janeiro: José Olympio, 1989.

Muanis, F. *A imagem televisiva: Autorreferência, temporalidade, imersão.* Curitiba: Appris Editora, 2018b.

____. Entre imprecisões e retórica: Em busca de uma definição mais ampla de televisão. In: Ladeira, J. (org.) *Televisão e cinema [recurso eletrônico]: O contemporâneo audiovisual em múltiplas vertentes.* Rio de Janeiro: Folio Digital, Letra e Imagem, 2018a.

Mungioli, M. C. P. A cultura da convergência no espaço da ficção televisiva brasileira. In: *Comunicação e educação,* USP, v. 1, 2012.

Oguri, L., Chauvel, M. e Suarez, M. O processo de criação das telenovelas. In: RAE, v. 49, n. 1, 2009.

Oroz, S. *Melodrama:* O cinema de lágrimas na América Latina. Rio de Janeiro: Funarte, 1999.

Pacete, L. G. Netflix aposta no longo prazo para ampliar produção local no Brasil. In: *Forbes,* 2023. Disponível em: https://forbes.com.br/forbes-tech/2023/01/netflix-aposta-no-longo-prazo-para-ampliar-conteudo-local-no-brasil/. Acesso em: 21 fev. 2023.

Perez,G. *O clone* (sinopse), 2001.

Phillips, K. M.; Reay, B. *Sex Before Sexuality:* A Premodern History. Cambridge; Malden, MA: Polity Press, 2011.

Porto e Silva, F. L. Melodrama, folhetim e telenovela: Anotações para um estudo comparativo. In: *Facom*, n. 15, 2005.

Pratten, R. *Getting Started in Transmedia Storytelling:* A Practical Guide for Beginners. 2012.

Redondo, L. A telenovela brasileira: Uma apresentação de seu formato e de seus aspectos principais. In: *Cenários da Comunicação*, v. 6, n. 2, 2007.

Ricco, F. e Vannucci, A. *Biografia da televisão brasileira*. São Paulo: Matriz, v. 2, 2017.

Rocha, E. Culpa e prazer: Imagens do consumo na cultura de massa. In: *Comunicação, mídia e consumo*, ESPM, v. 2, n. 3, 2005.

Sá Neto, A. A. F. de. *O pensamento industrial cinematográfico brasileiro I*. Campinas, SP: Arthur Autran Franco de Sá Neto, 2004.

Sippel, M. Alfonso Cuaron says 'Roma' is better in theatres. In: *Variety*, 2018. Disponível em: https://variety.com/2018/scene/news/alfonso-cuaron-seeing-roma-in-theaters-home-netflix-1203086472. Acesso em: 14 maio 2023.

Scolari, C. Ecología de la hipertelevisión: Complejidad narrativa, simulación y transmedialidad en la televisión contemporánea. In: Squirra, S. e Fechine, Y. (org.) *Televisão digital: Desafios para a comunicação*. Porto Alegre: Sulina, 2009.

____. Narrativas transmídia: Consumidores implícitos, mundos narrativos e branding na produção de mídia contemporânea. In: *Parágrafo*, v. 3, n. 1, 2019. pp. 7-20. Disponível em: http://revistaseletronicas.fiamfaam.br/index.php/recicofi/article/view/291>. Acesso em: 3 fev. 2019.

Shirky, C. *Here Comes Everybody*: The Power of Organizing without Organizations. Nova York: Penguin, 2009.

____. *Cognitive Surplus*: How Technology Makes Consumers into Collaborators. Nova York: Penguin, 2010.

Sibilia, P. O corpo reinventado pela imagem. In: *Trópico*, 2008. Disponível em: http://p.php.uol.com.br/tropico/html/textos/3030,1.shl. Acesso em: 4 nov. 2008.

____. A nudez autoexposta na rede: Deslocamentos da obscenidade e da beleza? Percursos digitais: Corpos, desejos, visibilidades. In: *Cadernos Pagu* (online) n. 44, 2015.

Silva, A. "Feud-Bette and Joan" na Fox Premium, sobre o duelo entre Joan Crawford e Bette Davis em "O que aconteceu a Baby Jane" [Twitter], 13 mar. 2017. Disponível em: https://twitter.com/aguinaldaosilva/status/841109448861077504. Acesso em: 26 nov. 2018.

Silva, C. A corrida do ouro: O romantismo de Gilberto Braga. Tese de mestrado, Pontifícia Universidade Católica do Rio de Janeiro, Departamento de Comunicação, 2010.

Silva, F. Melodrama, folhetim e telenovela: Anotações para um estudo comparativo. In: *Revista da Faculdade de Comunicação da Faap*, n. 15, São Paulo, 2010. Disponível em: www.faap.br/revista_faap/revista_facom/facom_15/_flavio_porto.pdf. Acesso em: 20 set. 2010.

Sobrinho, J. *O livro do Boni*. Rio de Janeiro: Casa da Palavra, 2011.

Souza, M.; Lessa, R.; Bianchini, M.; Nolasco, H.; Souza, B.; Alves, G.; e Araujo, J. Escritores Fic, casais adorados e mundos fictícios: Criação e recriação de Telenovelas Brasileiras em fanfictions. In: Lopes, M. (org.). *A construção de mundos na ficção televisiva brasileira*. São Paulo: CETVN/ECA/USP, 2019.

Stycer, M. *Adeus, controle remoto: Uma crônica do fim da TV como a conhecemos*. Porto Alegre: Editorial Arquipélago, 2016. p. 26.

____. Como o Instagram passou do paraíso artificial para o inferno das celebridades, 2019. Disponível em: https://tvefamosos.uol.com.br/

blog/mauriciostycer/2019/02/22/como-o-instagram-foi-de-paraiso-artificial-a-inferno-das-celebridades/?cmpid=copiaecola. Acesso em: 20 fev. 2019.

Svartman, R. e Nogueira, E. *Entrevista com Eneida Nogueira*, 2019.

____ e Sánchez, M. *Entrevista com Mirian de Icaza Sánchez*, 2018.

____ e Souto, C. *Entrevista com Claudia Souto*, 2021.

____ e Wilson, M. *Entrevista com Mauro Wilson*, 2021.

Syme, R. How much Netflix can the world absorb? In: *The New Yorker*, 2023. Disponível em: https://www.newyorker.com/magazine/2023/01/16/how-much-more-netflix-can-the-world-absorb-bela-bajaria. Acesso em: 20 fev., 2023.

Terto, A. "Segundo Sol": A Bahia branca da novela é bem diferente da Bahia real, com 76% de negros. In: *Huffpost Brasil*, 2018. Disponível em: www.huffpostbrasil.com/2018/04/30/a-ausencia-de-atores-negros-em-segundo-sol-novela-da-globo-ambientada-na-bahia_a_23424010/. Acesso em: 2 dez. 2018.

The Economist, 2014. Disponível em: www.economist.com/news/business/21603472-brazils-biggest-media-firm-flourishing-old-fashioned-business-model-globo-domination. Acesso em: 26 jul. 2020.

Toledo, Mariana. *TV segue relevante:* Em 2021, mais de 205 milhões de pessoas assistiram canais lineares. Disponível em: https://telaviva.com.br/04/08/2022/tv-segue-relevante-em-2021-mais-de-205-milhoes-de-pessoas-assistiram-aos-canais-lineares/. Acesso: 3 jan. 2023.

"Totalmente Demais" Capítulo Zero. *TV Globo* [vídeo], 2015. Disponível em: https://globoplay.globo.com/v/4584051/. Acesso em: 25 jul. 2020.

Truby, J. *A anatomia da história*: 22 passos para se tornar um mestre contador de histórias. Nova York: Farrar, Straus e Giroux, 2008.

Upfront 2023 Globo, 2022. Disponível em: https://cloud.relacionamentoglobo.globo.com/upfront-globo-2023/. Acesso em: 3 nov. 2022.

Vicentini, R. Walcyr Carrasco lembra quando se vingou de atriz que queria inventar falas. In: UOL, 2018. Disponível em: https://tvefamosos.uol.com.br/noticias/redacao/2018/08/04/walcyr-carrasco-lembra-quando-se-vingou-de-atriz-que-queria-inventar-falas.htm?cmpid=copiaecola. Acesso em: 12 dez. 2018.

Vlessing, E. Canada to Start Collecting Digital Tax from U.S. Tech Giants. In: *The Hollywood Reporter*, 2021. Disponível em: https://www.hollywoodreporter.com/business/business-news/canada-to-start-collecting-digital-tax-from-u-s-tech-giants-4169169/ Acesso em: 5 jun. 2021.

Wilde, O. *As obras completas de Oscar Wilde*. Londres: Collins, 2003.

Williams, R. *Televisão*. Londres: Fontana, 1974.

Wolton, D. *Elogio do grande público:* Uma teoria crítica da televisão. São Paulo: Editora Ática, 1996.

CIP-BRASIL. CATALOGAÇÃO NA PUBLICAÇÃO
SINDICATO NACIONAL DOS EDITORES DE LIVROS, RJ

S973

Svartman, Rosane, 1969- A telenovela e o futuro da televisão brasileira / Rosane Svartman. - 1. ed. - Rio de Janeiro : Cobogó, 2023.
248 p. ; 21 cm.

ISBN 978-65-5691-101-4

1. Telenovelas - Brasil - História. 2. Tecnologia streaming (Telecomunicação). 3. Televisão digital - Brasil. I. Título.

23-84138   CDD: 621.388070981
                    CDU: 004.738.5:654.19(09)(81)

Meri Gleice Rodrigues de Souza - Bibliotecária - CRB-7/6439

© Editora de Livros Cobogó, 2023

Editora-chefe
Isabel Diegues

Editora
Valeska de Aguirre
Julia Barbosa

Gerente de produção
Melina Bial

Revisão final
Eduardo Carneiro

Projeto gráfico e diagramação
Mari Taboada

Capa
Radiográfico

Nenhuma parte desta obra pode ser reproduzida, adaptada, encenada, registrada em imagem e/ou som, ou transmitida de nenhuma forma ou por nenhum meio sem a permissão expressa e por escrito da Editora Cobogó.

A opinião dos autores do livro não reflete necessariamente a opinião da Editora Cobogó.

Todos os direitos reservados à
Editora de Livros Cobogó Ltda.
Rua Gen. Dionísio, 53, Humaitá,
Rio de Janeiro, RJ, Brasil – 22271-050
www.cobogo.com.br

2023
―――――――
1ª reimpressão

Este livro foi composto em Calluna.
Impresso pela BMF Gráfica e Editora,
sobre papel Pólen Natural 70g/m².